WOHIN FLIESST DAS GELD?

Lernen Sie, die Rotationen am Markt zu verstehen und diese mit den passenden Strategien und Methoden erfolgreich umzusetzen

Christian Henke
Salah-Eddine Bouhmidi

Bibliografische Information der Deutschen Nationalbibliothek.

Die Deutsche Nationalbibliothek verzeichnet diese Publikation in der Deutschen Nationalbibliografie; detaillierte bibliografische Daten sind im Internet über http://dnb.dnb.de abrufbar.

Für Fragen und Anregungen:
info@eulogiaverlag.de

ISBN Softcover: 978-3-96967-427-7
ISBN eBook: 978-3-96967-429-1

Originale Erstausgabe 2024
© by Eulogia Verlags GmbH

Eulogia Verlags GmbH
Gerhofstraße 1–3
20354 Hamburg

Lektorat: Sandra Pichler
Satz und Layout: Tomasz Dębowski
Covergestaltung: Aleksandar Petrović

WOHIN FLIESST DAS GELD?

Lernen Sie, die Rotationen am Markt zu verstehen und diese mit den passenden Strategien und Methoden erfolgreich umzusetzen

EULOGIA
VERLAG

Inhaltsverzeichnis

ABSCHNITT II

ABSCHNITT III

Vorwort

Sehr geehrte Leserinnen und Leser,

im Angesicht der unzähligen Finanzratgeber und Börsenstrategie-Bücher, die den Markt beglücken, mag man sich fragen: Was macht gerade dieses Werk zu einer unerlässlichen Lektüre für jeden Anleger, unabhängig davon, ob man sich als Anfänger sieht oder bereits fortgeschrittenes Wissen vorweisen kann?

Wir, Salah-Eddine Bouhmidi und Christian Henke kommen zusammen auf eine beeindruckende Expertise von über 35 Jahren an den Finanzmärkten. Mit unserem tiefergehenden Verständnis der Materie und der Fähigkeit, komplexe Sachverhalte verständlich zu erklären, führen wir Sie durch einen umfassenden Ansatz, der von A wie Amsterdam bis Z wie Zürich Interesse und Engagement hervorgerufen hat.

Der Ansatz, der Ihnen in diesem Buch präsentiert wird, hat sich bereits in zahlreichen Publikationen, Livestreams, Analysen und Interviews bewährt und ist kein starrer Theoriekörper, sondern eine lebendige Strategie, die mit der Praxis Schritt hält. Nach der Lektüre sind Sie nicht nur mit wichtigem Wissen ausgestattet, sondern Sie können uns auch weiterhin auf diversen Plattformen begleiten und im direkten Austausch bleiben.

Dieses Buch ist der schriftliche Niederschlag unserer Arbeit und beinhaltet eine systematische Darstellung unseres bewährten Analyseansatzes. Von der Bestimmung von Marktrends mithilfe der Performance-Matrix über die Einordnung von Aktienkategorien bis hin zur Wahl der richtigen Anlagezeitpunkte anhand von Preismustern – wir haben keinen Stein auf dem anderen gelassen, um Ihnen einen ganzheitlichen Blick auf die Börse zu gewähren.

Mit praktischen Beispielen und nachvollziehbaren Methoden, die sowohl technische als auch fundamentale Aspekte integrieren, zeigen wir Ihnen, wie Sie die Dynamik der Märkte zu Ihrem Vorteil nutzen können. Dieses Buch ist Ihre Eintrittskarte in eine Welt, in der anhand von erprobten Tools und Analysen Investmententscheidungen intelligenter und erfolgsversprechender gestaltet werden können.

Lassen Sie uns gemeinsam die Finanzmärkte erobern. Treten Sie ein in ein Universum, in dem mit 35 Jahren Börsenwissen im Rücken und dem Finger stets am Puls der aktuellen Entwicklungen Ihre Anlagestrategie revolutioniert wird. Dieses Buch ist Ihr Kompass auf dem Weg zum erfolgreichen Investor.

Willkommen an Bord! Der Weg zur Meisterschaft beginnt jetzt.

Abschnitt I

KAPITEL 1

Top-down-Ansatz – Die Suche nach der passenden Anlageklasse

Aktien, Anleihen oder doch Rohstoffe?

Am Anfang stellt sich die Frage: Was soll der Anleger überhaupt kaufen? Aktien, Anleihen oder doch lieber Rohstoffe? Oder eine Kombination aus den drei genannten Asset-Klassen? Die Antwort wollen wir in diesem Kapital liefern. Nicht nur institutionelle Investoren, sondern auch Privatanleger können heutzutage in Dividendenpapiere, Staatsanleihen und Gold & Co. investieren. Nur welche der Asset-Klassen hat im Augenblick die Nase vorn? Hierfür haben wir die Absolute-Performance-Matrix im Werkzeugkasten. Hauptaufgabe ist die Trendbestimmung mit den Bestandteilen Aufwärtstrend, Korrektur, Abwärtstrend und Erholung. Diese werden ermittelt, indem die Performance des zu untersuchenden Basiswertes auf Sicht der letzten drei Monate und vier Wochen in eine Matrix eingetragen wird. Die Matrix besteht aus vier Quadranten. Wir fangen mit dem zweiten Quadranten an. Die Kursentwicklung der letzten drei Monate und vier Wochen ist positiv. Laut Definition befinden sich die Aktie, Anleihe und Rohstoff in einem Aufwärtstrend. Innerhalb dieser Trendphase kommt es dann irgendwann zu Gewinnmitnahmen. Die kurzfristige Kursentwicklung wird negativ, die mittelfristige bleibt dagegen positiv. In diesem Fall liegt eine Korrektur vor. Der Basiswert hat in den Quadranten drei gewechselt. Nach einer kurzen Verschnaufpause kann die Rückkehr in den Aufwärtstrend gelingen oder ein Trendwechsel hin in den Abwärtstrend steht bevor. Die Performance der vergangenen drei Monate und vier Wochen wird negativ. Wie bei einem Abwärtstrend üblich, gehören gelegentliche Gegenbewegungen zu dieser Trendphase dazu. Kurzfristig wird die Performance positiv, die mittelfristige bleibt aber negativ. Der Basiswert ist dann im Quadranten eins zu finden. Oder anders formuliert, es liegt eine Erholung vor. Diese kann beendet werden und die Aktie kehrt in den Abwärtstrend zurück oder aus einer Gegenbewegung entsteht ein neuer Aufwärtstrend. Und so dreht sich die Performance-Matrix lustig im Uhrzeigersinn.

Performance-Matrix

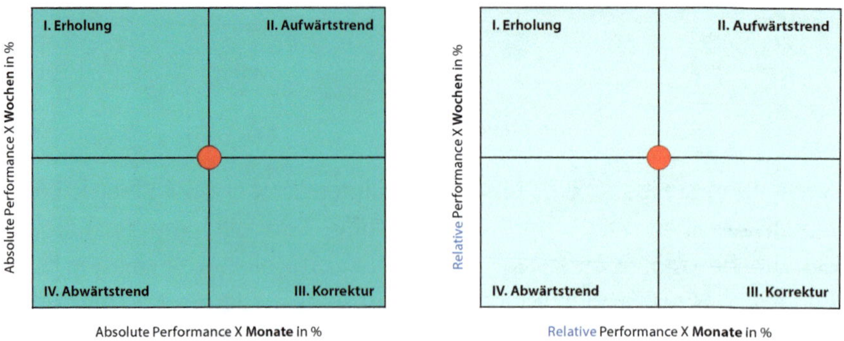

Abbildung 1: Theoretische Darstellung der Absoluten und Relativen Performance-Matrix, Quelle: Eigene Darstellung

EXKURS:

Die Performance-Matrix kann zur Trendbestimmung verwendet werden. Die vier Bestandteile eines Trends – Aufwärtstrend, Korrektur, Abwärtstrend und Erholung – können grafisch dargestellt werden. Der Anleger weiß ganz genau, in welcher Trendphase sich sein Investment befindet. Die Performance-Matrix dreht sich im Uhrzeigersinn. Die hier genannten Zeiträume vier Wochen und drei Monate sind natürlich nicht in Stein gemeißelt. Es können längere oder auch kürzere Zeiträume gewählt werden.

1.1 Standort- und Trendbestimmung

Wir fangen sofort mit einem praktischen Beispiel an. Dieses stammt von Juni 2023. Zu diesem Zeitpunkt stand die Zinspolitik in den USA im Mittelpunkt des Interesses. Die Sorgen vor weiteren Zinserhöhungen und ein

Abrutschen in eine Rezession waren die Hauptbelastungsfaktoren. Diese Sorgen und Ängste waren natürlich in der Absoluten Performance-Matrix zu sehen. Zuerst schauen wir uns den Ur-Chart an. In der Matrix sind Aktien, Anleihen und Rohstoffe auf Sicht der letzten drei Monate und vier Wochen zu sehen. Für die Asset-Klasse Aktien geht der MSCI World ins Rennen. Die Anleihen werden von den zehnjährigen US-Staatsanleihen vertreten. Die Rohstoffe werden von dem schon recht betagten CRB-Index dargestellt. Die Anfangsfrage, wohin das Geld fließt, kann mit der folgenden einfachen Matrix recht schnell beantwortet werden.

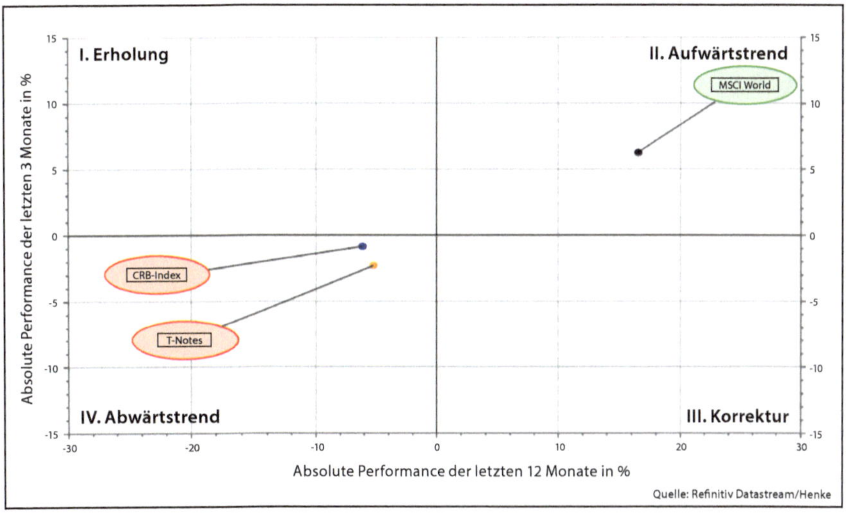

Abbildung 2: Absolute Performance-Matrix der Asset-Klassen Aktien, Anleihen und Rohstoffe

Im Juni 2023 waren Aktien im zweiten Quadranten und somit im Aufwärtstrend zu finden. US-amerikanische Staatsanleihen mussten dagegen den Rückzug in den vierten Quadranten antreten und drängten sich zu diesem Zeitpunkt nicht für ein Investment auf. Rezessionsängste hatten Rohstoffe gen Süden gezogen. Der CRB-Index, der neunzehn der wichtigsten Rohstoffe wie Öl, Gold, Baumwolle, Mastrind usw. beinhaltet, wies ebenfalls einen intakten Abwärtstrend auf. Für den Anleger bedeutete die damalige Situation, Aktien zu bevorzugen. Anleihen und Rohstoffe spielten zu diesem Zeitraum für den Anleger keine bedeutende Rolle.

1.2 Ratio-Charts

Die Verhältnis-Charts, auch Ratio-Charts, sind ein weiteres nützliches Werkzeug, um die Frage zu beantworten, wohin das Geld fließt. Vor allem stellt sich die Frage, wie stark sich Aktien gegenüber Anleihen und Rohstoffen entwickeln. Daher schauen wir uns die Relationen zwischen dem MSCI World, den US-Staatsanleihen mit zehnjähriger Laufzeit und den Rohstoffen an.

Aktien haben die Nase vorn

In der Relation zwischen dem MSCI World und den Rohstoffen, hier durch den CRB-Index vertreten, ist im Ratio-Chart der mehrmalige Test des Aufwärtstrends zu sehen. Die Ratio-Linie steigt zudem und spricht für eine intakte Outperformance des weltweiten Aktienindex gegenüber Gold, Öl und Co. Erst wenn die Trendlinie nach unten durchbrochen wird, sollte ein Wechsel weg von Dividendenpapieren hin zu Rohstoffen in Betracht gezogen werden.

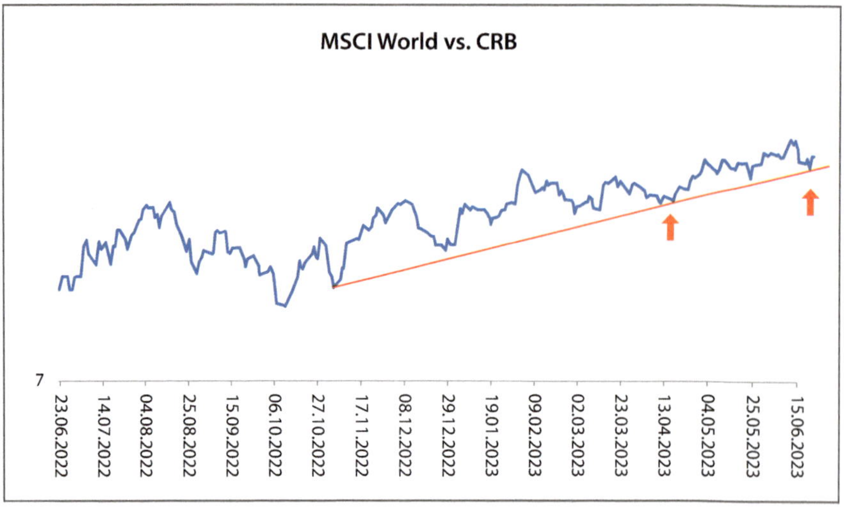

Abbildung 3: Ratio-Chart MSCI World vs. CRB-Index, Quelle: Refinitiv, eigene Darstellung

Aktien oder Anleihen?

Aktien und Rohstoffe tendieren oft in die gleiche Richtung. Daher gibt es bei den institutionellen Investoren auch den bekannten und beliebten

60:40-Ansatz. Hierbei werden vom Kapital 60 % in Dividendenpapiere und 40 % in Anleihen investiert. In Europa wird das eher neutrale Verhältnis 50:50 bevorzugt. Gerade im Jahr 2022 war das Ergebnis des 60:40-Ansatzes katastrophal. Sowohl Aktien als auch Anleihen verzeichneten deutliche Verluste. Im Ratio-Chart MSCI World vs. US-Staatsanleihen ist im Juni 2023 zu sehen, dass zum einen ein intakter Aufwärtstrend vorlag und zum anderen ein Widerstand nach oben durchbrochen wurde. Somit lag die Antwort klar auf der Hand, wohin das Geld floss, nämlich in den weltweiten Aktienmarkt.

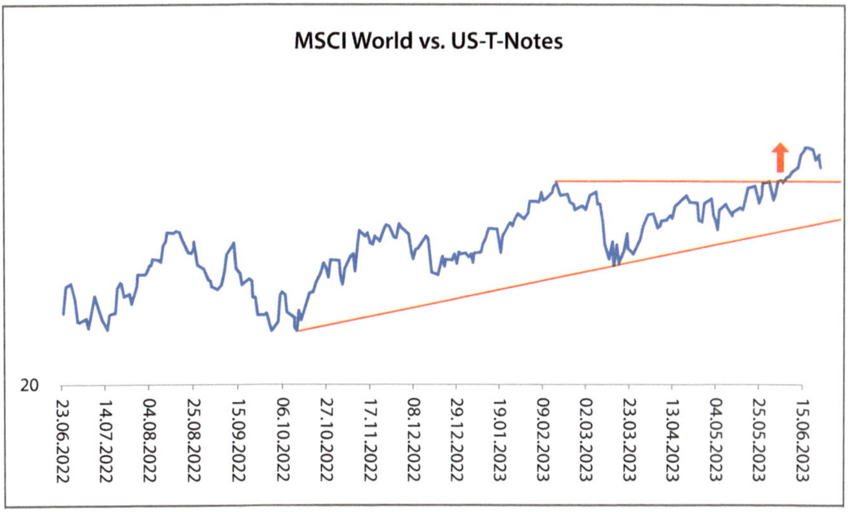

Abbildung 4: Ratio-Chart MSCI World vs. US-Staatsanleihen (10-jährige Laufzeit), Quelle: Refinitiv, eigene Darstellung

FAZIT:

Bei einem Ratio-Chart wird die Kursreihe eines Basiswertes durch den eines anderen Assets dividiert und grafisch dargestellt. Steigt die Ratio-Linie, zeigt der Basiswert gegenüber dem anderen eine Outperformance. Fällt die besagte Ratio-Linie, verhält es sich umgekehrt. Im Ratio-Chart können, wie bei einem herkömmlichen Kurschart, Trendlinien oder Indikatoren eingezeichnet werden. Das Ergebnis der Relations-Charts ist die Antwort auf die Frage, welcher der beiden Basiswerte besser läuft und für ein Investment geeignet ist.

1.3 Der Relative Linienchart – Ein weiteres nützliches Tool

In der Relativen Performance-Matrix haben wir gesehen, welche der Asset-Klasse im Augenblick en vogue ist. Allerdings können diese von einem in den anderen Quadranten hin und her springen. Um letztendlich eine klare Antwort zu bekommen, welche Asset-Klasse auch künftig outperformen wird, kommt der Relative Linienchart zum Einsatz. Gegenüber dem Ratio-Chart werden nicht die Kurse, sondern die Performance von zwei Basiswerten ins Verhältnis gesetzt. Auch im Relativen Linienchart können Trendlinien und Indikatoren eingesetzt werden. Vor allem wichtig ist, dass sich im Chart die Linie mindestens fünf Tage oder länger oberhalb der Nulllinie aufhält. Erst dann kann von einem nachhaltigen Aufenthalt in einem der oben genannten Quadranten in der Relativen Performance-Matrix gesprochen werden. Der Vorteil dieser grafischen Darstellung ist, dass sich bereits vor dem Sprung über die Nulllinie ein Trendwechsel herauskristallisiert.

Im Relativen Linienchart ist die Performance des MSCI World und der zehnjährigen US-Staatsanleihen zehnjähriger Laufzeit auf Sicht von drei Monaten in Prozent zu sehen. Der Welt-Aktienindex übersprang Anfang Mai 2023 die Nulllinie. Fünf Tage darauf hat sich dies als signifikant herausgestellt. Dagegen notiert die Performance der US-Bonds bis zum heutigen Tag (Juni 2023) immer noch unter der Nulllinie. Auffällig ist der Vorlaufcharakter der Anleihen gegenüber den Aktien. Dies wird insbesondere durch den einfachen 20-Tage-Durchschnitt deutlich. Mehrmals übersprang/unterschritt die Performance der Bonds den besagten Durchschnitt, wenige Tage bevor die Dividendenpapiere den 20-Tage-Durchschnitt hinter sich lassen konnten, bzw. die Glättungslinie der Angebotsseite überlassen werden mussten. Zurzeit ist die Situation sehr interessant. Die Performance der US-Anleihen liegt zurzeit erneut unter der Durchschnittslinie. Die Performance des MSCI World kann sich noch oberhalb der Glättungslinie behaupten.

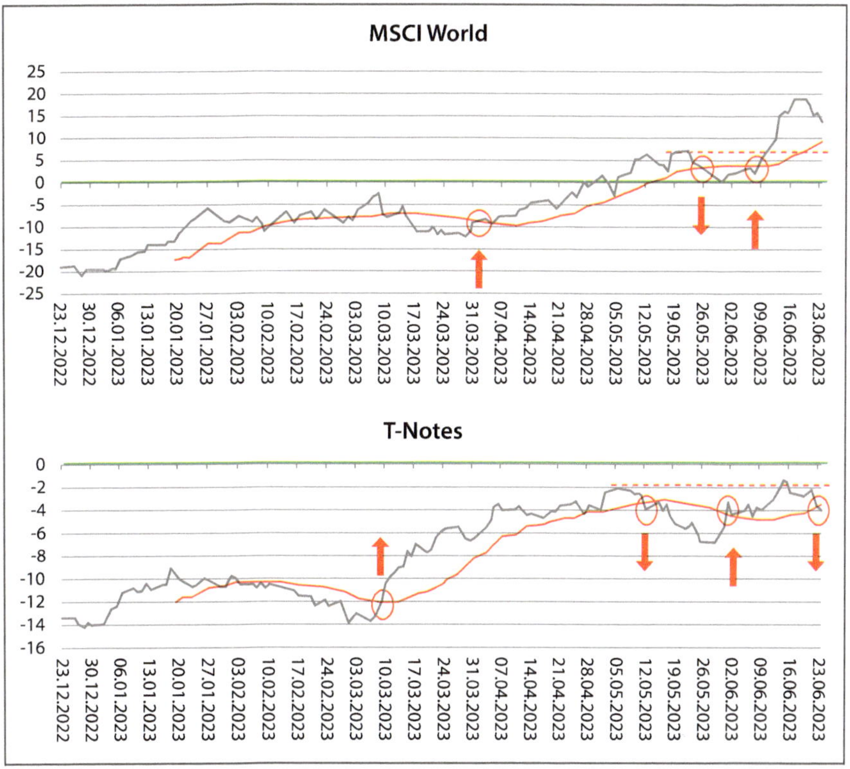

Abbildung 5: Relative Liniencharts MSCI World und US-Staatsanleihen zehnjähriger Laufzeit, Quelle: Refinitiv, eigene Darstellung

FAZIT:

Der Relative Linienchart ist ein weiteres nützliches Instrument bei der Auswahl der geeigneten Asset-Klasse. Wichtig ist vor allem, ob ein Sprung über bzw. unter die Nulllinie signifikant ist. Dafür verwenden wir die klassische Zeitregel. Hierbei sollte die Performance mindestens fünf Tage ober- bzw. unterhalb der Nulllinie liegen. Allerdings können bereits vor dem Erreichen der Nulllinie Einstiegs- und Ausstiegssignale generiert werden, wenn beispielsweise Trendlinien über- bzw. unterschritten werden oder Indikatoren wie gleitende Durchschnitte entsprechende Signale liefern.

1.4 Die Korrelationsanalyse – Gilt die klassische Intermarket-Analyse noch?

Laut den Ansätzen in der Intermarket-Analyse tendieren Aktien und Anleihen oft in die gleiche Richtung. Ist diese Vermutung in Stein gemeißelt? Mitnichten. Die gegenseitige Abhängigkeit zwischen Dividendenpapieren und Bonds verändert sich ständig. Und hier kommt uns die Statistik zu Hilfe. Mithilfe der Korrelationsanalyse können wir solche Interaktionen überprüfen. Bei der Korrelationsanalyse wird das Zusammenspiel zwischen den Kursen von zwei Basiswerten oder Assets verglichen und anhand einer Kennzahl, des sogenannten Korrelationskoeffizienten grafisch dargestellt. Interessant für den Anleger ist der Korrelationskoeffizient von +0,8 bzw. -0,8. Bei diesen Zahlen besteht eine hohe lineare Abhängigkeit und somit ein möglicher Gleichmarsch der beiden Basiswerte. Ist der genannte Koeffizient dagegen negativ, laufen beide Assets auseinander.

Am Beispiel des MSCI World und der US-Anleihen ist im Chart der Korrelationskoeffizient der letzten 30 Tage zu sehen. Dieser bewegt sich auf Sicht der letzten zwei Jahre zwischen -0,8 und 0,9. Im Augenblick beträgt die Korrelation -0,36. Dies bedeutet, das sich weder Aktien noch Anleihen beeinflussen. Das historische Zusammenspiel zwischen Dividendenpapieren und Staatsanleihen war daher nicht allzu ausgeprägt.

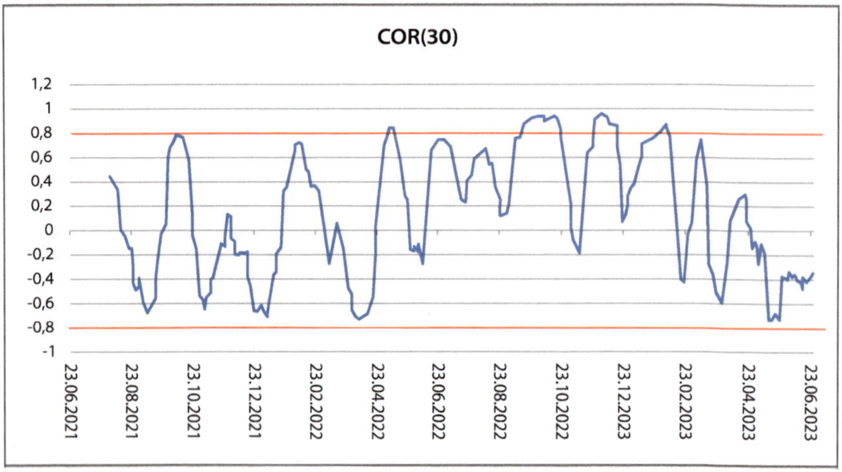

Abbildung 6: Korrelationskoeffizient MSCI World vs. US-Staatsanleihen der letzten 30 Tage, Quelle: Refinitiv, eigene Darstellung

Das Miteinandergehen von Aktien und Rohstoffen kommt dagegen nicht so oft vor. Dennoch marschieren beide Asset-Klassen das ein oder andere Mal in die gleiche Richtung. Hinsichtlich der Korrelation ist dies momentan der Fall. Die statistische Maßzahl ist vor allem in den Juni-Wochen gestiegen und liegt Ende Juni 2023 über dem Wert von 0,7. Somit ist die Korrelation recht hoch. Ob aber beide Asset-Klassen, Aktien und Rohstoffe, letztendlich ein Kauf sind, entscheidet sich bei der Betrachtung der Charts. Hier kommt nun die klassische Trendlinienanalyse zum Einsatz.

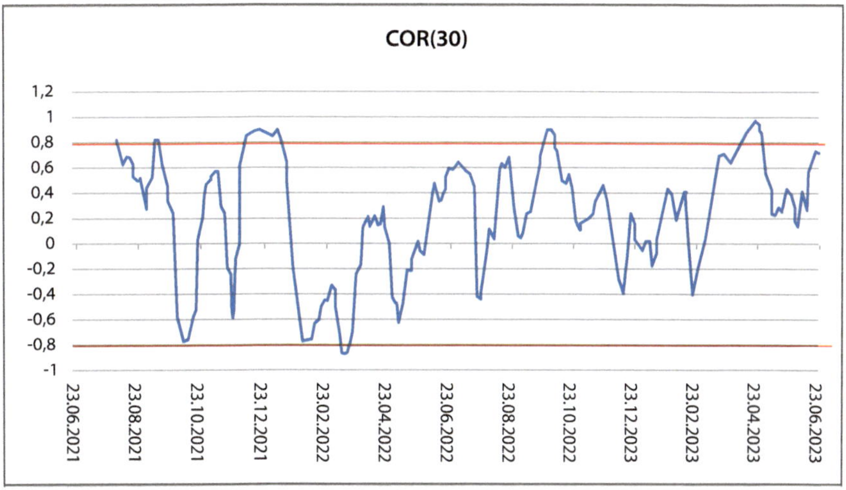

Abbildung 7: Korrelationskoeffizient MSCI World vs. CRB-Index der letzten 30 Tage, Quelle: Refinitiv, eigene Darstellung

1.5 Der Chart entscheidet über Kauf oder nicht

Als Ergebnis des ersten Schrittes des Auswahlprozesses kann festgehalten werden, dass sich Dividendenpapiere als mögliches Investment empfehlen, US-Staatsanleihen und Rohstoffe weniger. Letztendlich entscheidet aber die Chartsituation über einen Einstieg. Bei der Betrachtung des Tagescharts des MSCI World fällt die Entscheidung leicht. Im Juni 2023 konnte die Oberseite eines mittelfristigen aufsteigenden Dreiecks signifikant überwunden werden. Zu diesem Zeitpunkt signalisierte die steigende einfache 200-Tage-Durchschnittslinie einen intakten mittelfristigen Aufwärtstrend.

Als charttechnisches Kursziel muss nun das Hoch bei 3.110 Punkten von Ende März des Jahres 2022 herhalten.

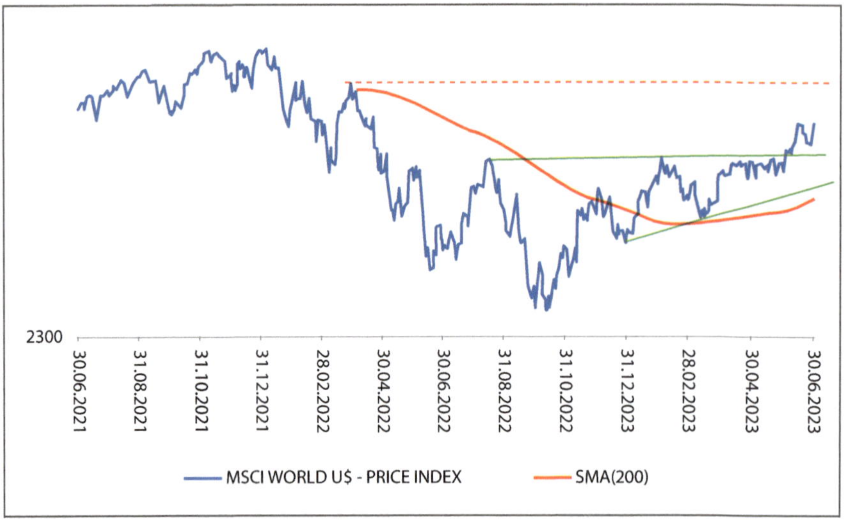

Abbildung 8: MSCI World auf Tagesbasis mit einfachem 200-Tage-Durchschnitt, Quelle: Refinitiv, eigene Darstellung

FAZIT:

Jeder Anfang ist bekanntlich schwer. Dies gilt auch an den Finanzmärkten. Am Ende dieses Kapitels kann festgehalten werden, das der Anleger mit einigen wenigen Instrumenten entscheiden kann, welches Asset im Augenblick interessant ist. In diesem Fall von Ende Juni 2023 waren es definitiv Aktien. Die nächste Frage, die sich im Auswahlprozess stellt, ist, welche Börse in welcher Region und in welchem Land auf den Prüfstand gestellt werden sollte.

KAPITEL 2

Risiko oder Sicherheit – Welche Aktien sollen es sein?

Defensive oder zyklische Aktien – Wer macht das Rennen?

2.1 Defensive versus zyklische Aktien

Der Ukraine-Krieg im Jahr 2022 hat nicht nur die geopolitische Welt auf den Kopf gestellt. Auch an den weltweiten Börsen lösten der militärische Konflikt, eine steigende Inflation, Zinswende und Rezessionsängste ein Umdenken bei den Anlegern aus. Bis zum Februar des besagten Jahres waren zyklische Aktien gefragt. Doch fast über Nacht änderte sich die Meinung der Anleger und defensive Werte standen plötzlich in der Gunst der Investoren. Aber wie kann der Anleger diese Assetallokation erkennen und gewinnbringend nutzen?

Hierbei nutzen wir den zweiten Ur-Chart. Zur Erinnerung: Im erstem Ur-Chart waren die Asset-Klassen Aktien, Anleihen und Rohstoffe zu sehen. Nun schauen wir uns zwei Indizes näher an, den S&P Basiskonsumgüter und den S&P Nicht-Basiskonsumgüter. Mit anderen Worten: Der erste Index vertritt die defensiven Aktien, der zweite entsprechend die zyklischen Werte im S&P 500.

Im ersten Chart sind beide Börsenbarometer indexiert dargestellt. Zu erkennen ist, dass im Zeitraum von Anfang März bis Mitte Mai 2023 defensive Aktien auf der Einkaufsliste der Marktteilnehmer standen. Doch dann hatte sich das Blatt zugunsten der zyklischen Werte gewandelt. Seit Mitte Mai konnten die zyklischen Titel die defensiven Aktien abhängen. Die Outperformance des S&P Basiskonsumgüter beruhte auf steigenden Leitzinsen. Die defensiven Werte können mit einem solchen Zinsumfeld besser umgehen. Steigende Zinsen sind bekanntlich Gift für zyklische Dividendenpapiere. Dazu zählen beispielsweise Technologieaktien. Doch im Verlauf des Jahres 2023 kam Hoffnung auf, dass die US-amerikanische Notenbank eine Zinspause einlegen oder sogar den Leitzinserhöhungszyklus beenden könnte. Dies war der Startschuss für zyklische Werte. Gewinner war beispielsweise die Technologiebörse Nasdaq.

Im zweiten Chart ist der Ratio-Chart zu sehen. Hier wurden die Notierungen des S&P Basiskonsumgüter durch die des S&P Nicht-Basiskonsumgüter dividiert und indexiert. Auch hier wurde im Mai 2023 die Outpferformance der defensiven Aktien durch den Bruch der horizontalen Unterstützung nach unten beendet. Die anschließend fallende Ratio-Linie ließ auf eine neue Outperformance der zyklischen Titel schließen. Ende Juli 2023 wurde die zweite steile Abwärtstrendlinie gen Norden verlassen. Dies könnte der Grundstein für eine erste zaghafte Bodenbildung sein. Wird noch der übergeordnete Abwärtstrend überwunden, könnten defensive Aktien wieder die erste Wahl sein.

FAZIT:

Die Unterscheidung zwischen defensiven und zyklischen Aktien und die Analyse mittels eines Ratio-Charts erleichtern dem Anleger das weitere Vorgehen wesentlich. Entweder werden defensive Sektoren und deren Aktien anschließend näher betrachtet oder entsprechend zyklische Werte und deren Dividendenpapiere. Somit lässt sich die Performance des Depots deutlich verbessern.

Abbildung 9: S&P 500 Consumer Stamples vs. S&P 500 Consumer Discretionary und Ratio-Chart, Quelle: Refinitiv, eigene Darstellung

2.2 Value versus Growth-Aktien

Unter den Anlegern, vor allem den institutionellen Investoren, stellt sich oft die Frage, welche Aktien – Growth oder Value – gekauft werden sollen. Kurz zum Verständnis: Growth-Aktien sind Wertpapiere von Unternehmen, die in der Vergangenheit stark gewachsen sind und auch in der Zukunft Expansionspotenzial haben. Value-Aktien sind Anteilsscheine, deren aktueller Kurs unter dem sogenannten inneren Wert liegen. Diese Titel werden auch als günstig oder unterbewertet bezeichnet.

Und natürlich wechseln beide Aktiengruppen in der Beliebtheit der Anleger. Können nur die institutionellen Investoren wissen, ob Growth oder

Value-Aktien Kurspotenzial haben? Mitnichten. Auch der private Anleger ist durchaus in der Lage zu entscheiden, welche der beiden Aktiengruppen interessant ist. Hierbei schauen wir zuerst auf den ersten Chart. Deutlich zu sehen ist, dass Growth-Aktien in der Zeit von Anfang März bis Ende Juli 2023 klar vorn liegen und die Value-Titel hinterher hinken.

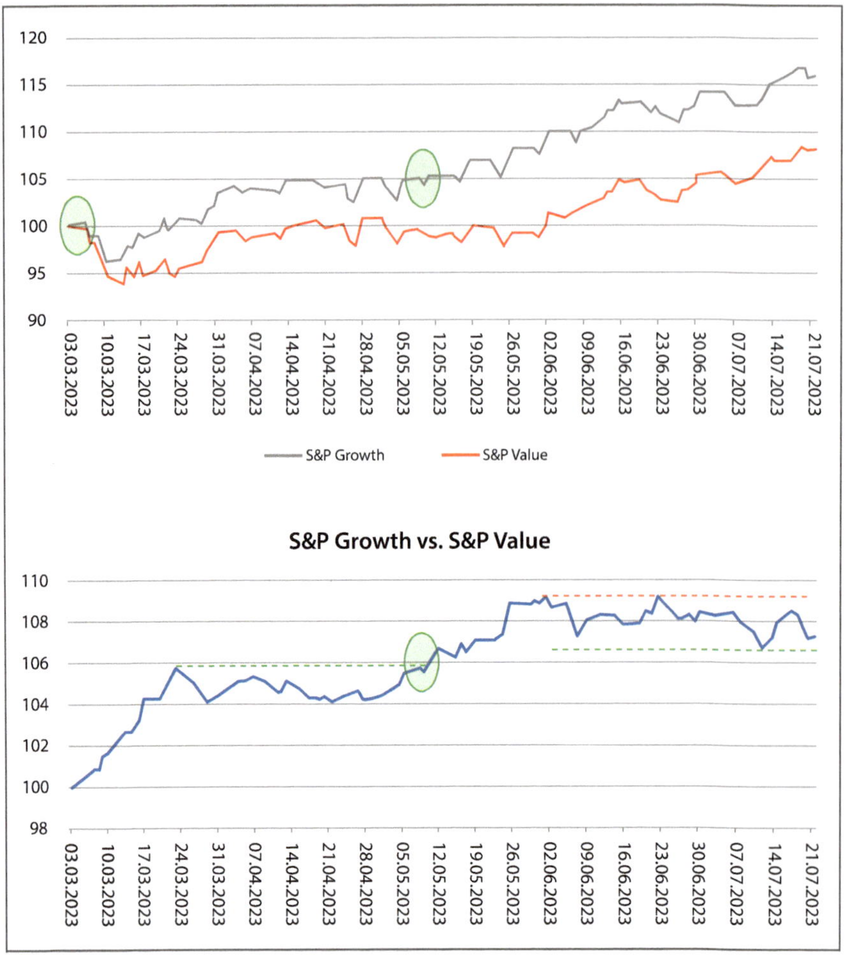

Abbildung 10: S&P 500 Growth vs. S&P 500 Value, Quelle: Refinitiv, eigene Darstellung

Ein wenig deutlicher ist der Blick auf den Ratio-Chart. Im Mai wurde im Verhältnischart zwischen dem S&P Growth und dem S&P Value ein horizontaler Widerstand überwunden. Anschließend konnten die Growth-Titel an Fahrt gewinnen. Allerdings hat Anfang Juni des Jahres 2023 die Dynamik spürbar nachgelassen. Dies könnte der erste Hinweis auf einen möglichen Wachwechsel sein. Dieser könnte eintreten, wenn die waagerechte Unterstützung unterschritten werden sollte. In diesem Fall würden die Value-Aktien wieder die Nase vorn haben.

FAZIT:

In diesem kleinen Kapitel haben wir zwei weitere Ur-Charts kennengelernt. Letztendlich kann der Aktienmarkt in zwei grobe Gruppen eingeteilt werden: in defensive und zyklische Titel sowie in Growth- und Value-Werte. Die Erkenntnis, welche Gruppe im Augenblick die Nase vorn hat, könnte für Ihr Depot von großer Bedeutung sein. In den nächsten beiden Kapiteln gehen wir in dem Topdown-Ansatz weiter nach unten. Aber auch mit ETFs oder Zertifikaten können die erwähnten Gruppen gehandelt werden.

KAPITEL 3

Volatilität an den Aktienmärkten

Es gibt zahlreiche Einflussfaktoren, die entweder einzeln oder gemeinsam die Aktienmärkte beeinflussen. Ein konkreter und vor allem messbarer Faktor ist die Volatilität. Diese wird auch als „Angstbarometer" bezeichnet. Die historische Schwankungsbreite der Kurse verändert sich je nach Nachrichtenlage und Stimmung der Anleger. Sind die Marktteilnehmer verunsichert oder haben gar Angst, steigt diese. Läuft dagegen alles im Sinne der Börsianer, verläuft die Volatilität in ruhigen Bahnen und stellt keine Gefahr für die Aktienmärkte dar. Aber warum sollte sich der Anleger die Volatilität vor einem Engagement anschauen und wie kann der Marktteilnehmer diese sogar nutzen? Dies klären wir in diesem Kapitel.

3.1 Angst und Gier bestimmen die Richtung an den Märkten

Seit dem Bestehen der Börsen gehören Angst und Gier zu den Haupttriebfedern eines Anlegers. Die Volatilität liefert uns wichtige Informationen über die Stimmungslage der Anleger. Gemessen wird die Schwankungsbreite mit Volatilitäts-Indizes. Hier am Beispiel des VIX (Volatilitäts-Index auf den S&P 500). Im Chart sind sowohl der S&P 500 als auch der VIX zu sehen. Unschwer zu erkennen ist, dass beide Indizes entgegengerichtet verlaufen. Steigt die Volatilität, fällt der Aktienindex – und umgekehrt. In der Statistik wird dies als inverse Korrelation bezeichnet. An diesem Verlauf kann der Investor partizipieren, indem auf die fallende Volatilität mit einem Short und auf einen steigenden S&P mit einem Call gesetzt wird. Heutzutage werden Finanzprodukte auf die Volatilität angeboten.

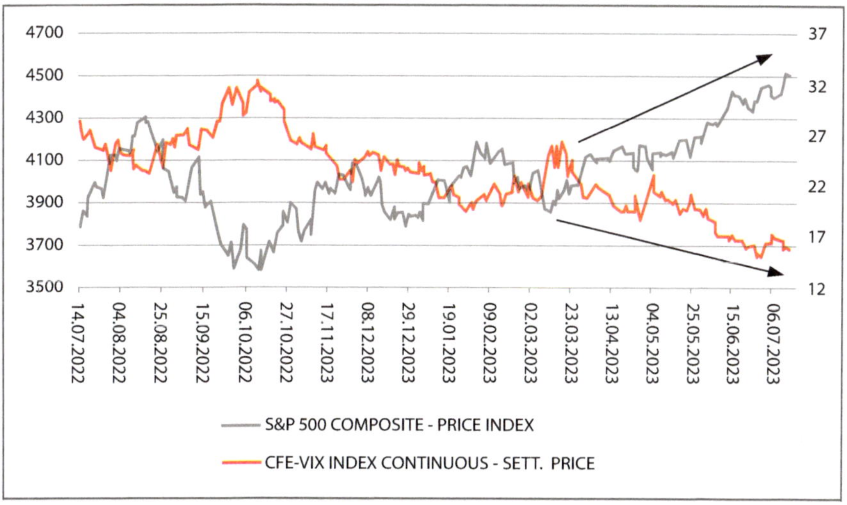

Abbildung 11: S&P 500 vs. VIX auf Sicht eines Jahres, Quelle: Refinitiv, eigene Darstellung

3.2 VIX versus S&P – nur vorübergehend?

Wir haben gesehen, dass der Anleger an der inversen Korrelation zwischen dem Volatilitäts-Index VIX und dem S&P 500 partizipieren kann, indem auf dem VIX ein Short und gleichzeitig auf dem S&P 500 eine Long-Position eingegangen wird. Aber ist das Zusammenspiel zwischen Volatilität und Aktienmarkt nur eine vorübergehende, kurzfristige Erscheinung?

Antwort auf diese Frage liefert uns die sogenannte Korrelationsanalyse. Mit dem Korrelationskoeffizienten lässt sich ein linearer Zusammenhang mathematisch überprüfen. Ohne zu sehr ins Detail gehen zu wollen, pendelt die Korrelation zwischen den Werten +1 und -1. Bei einem Wert nahe +1 liegt ein stark positiver und bei einem Wert von nahezu -1 ein stark negativer linearer Zusammenhang vor. Wie wir bereits im Chart gesehen haben, müsste ein stark negativer linearer Zusammenhang vorhanden sein. Und dies ist auch in der Tat der Fall. Der erwähnte entgegengerichtete Verlauf zwischen der Volatilität und dem Aktienmarkt ist keine Eintagsfliege. Auf Basis der Volatilitätsdaten der vergangenen zehn Jahre beträgt der Mittelwert (Median) 0,8. Und somit kann ein langfristiger linearer Zusammenhang zwischen der Volatilität und dem US-amerikanischen Aktienmarkt nachgewiesen werden.

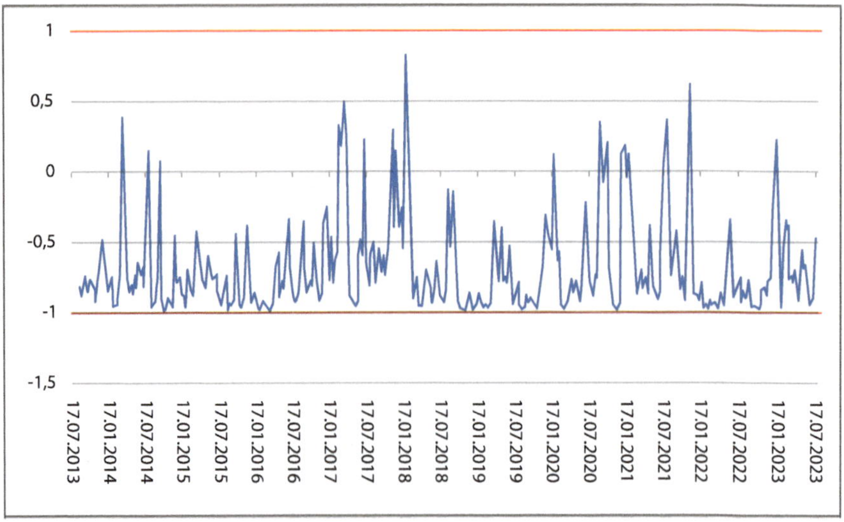

Abbildung 12: Korrelationskoeffizient VIX vs. S&P 500 auf der 30-Tage-Basis der letzten zehn Jahre, Quelle: Refinitiv, eigene Berechnung

3.3 Die ganze Börsenwelt reagiert auf die Volatilität

Bevor ein Anleger ein Engagement an den Aktienmärkten eingehen möchte, ist ein Blick auf die aktuelle Volatilität empfehlenswert. Aber nicht nur der US-marktbreite S&P reagiert darauf, fast sämtliche Indizes folgen der Volatilität, sprich dem VIX. Dies ist sehr gut in der Absoluten Performance-Matrix zu sehen.

Noch einmal zur Erinnerung. In der besagten Performance Matrix wird die Performance verschiedener Basiswerte, hier Indizes, auf Sicht der letzten drei Monate und vier Wochen in vier Quadranten eingetragen. Im ersten Quadranten ist der Volatilitätsindex VIX zu finden, der seit geraumer Zeit sowohl auf Sicht der letzten drei Monate als auch vier Wochen eine negative Performance aufweist und sich somit im Abwärtstrend befindet. Angesichts der hohen negativen Korrelation müssten S&P & Co. im zweiten Quadranten zu finden sein, was im Juli 2023 auch der Fall war.

Kommt irgendwann wieder Volatilität auf, ausgelöst beispielsweise von einer neuerlichen Zinsangst oder von geopolitischen Risiken, würde der VIX in den ersten Quadranten vorstoßen und damit eine Korrektur an den Aktienmärkten auslösen. Steigt die Volatilität dann weiter und dringt in den zweiten Quadranten (Aufwärtstrend) vor, müsste an den weltweiten Börsen mit einem Abwärtstrend gerechnet werden.

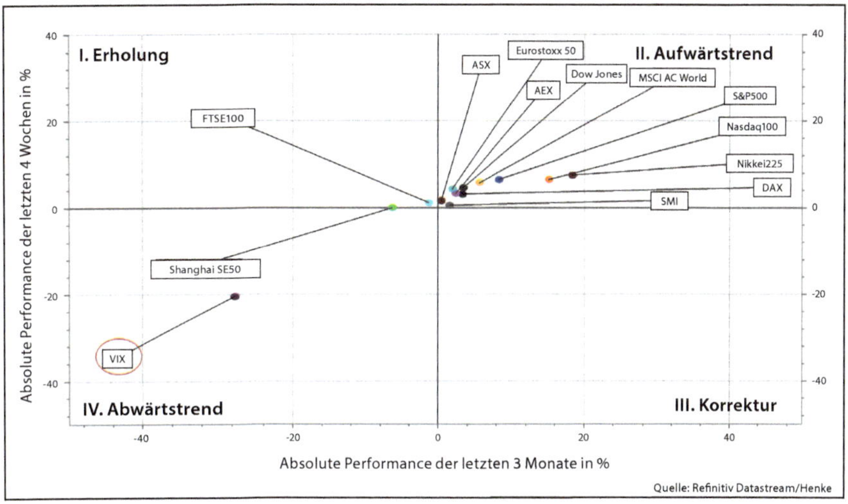

Abbildung 13: Absolute Performance-Matrix VIX vs. Aktienindizes auf Sicht der letzten drei Monate und vier Wochen

3.4 Übertreibungen bei der Volatilität werden sofort behoben

Gelegentlich gibt es an den Aktienmärkten Übertreibungen. Diese können mit bekannten Oszillatoren wie beispielsweise Relative-Stärke-Index (RSI) oder Slow Stochastic entdeckt und gehandelt werden. Es gibt aber auch noch eine weitere Möglichkeit. Hierbei müssen wir erneut in die Statistikkiste greifen, ohne aber zu sehr ins Detail zu gehen. Die Rede ist von der linearen Regression. Hierbei wird untersucht, ob sich eine oder mehrere Variablen gegenseitig beeinflussen – in diesem Fall also, ob die Volatilität die Aktienmärkte in die eine oder andere Richtung schickt. Geprüft wird, ob die fortschreitende Zeit einen Einfluss auf die Volatilität hat. Im Chart ist zu sehen, dass die Volatilität, abhängig von der Zeit, seit geraumer Zeit fällt. Die Datenpunkte (VIX) pendeln um die fallende lineare Regressionslinie herum.

Entfernt sich der VIX zu weit von der genannten Regressionslinie nach oben oder nach unten, kommt es prompt zu einer Gegenbewegung in Richtung der Linie. Dies wird an den Kapitalmärkten auch als Mean Reversion bezeichnet. Ende Juni kam es zu einer kurzen Überreaktion. Nur wenige Tage darauf ging es für den Volatilitätsindex wieder in Richtung der Regressionslinie. Diese zeigt in diesem Beispiel unverändert gen Süden. Somit könnte eine fallende Volatilität die Aktienmärkte weiter beflügeln.

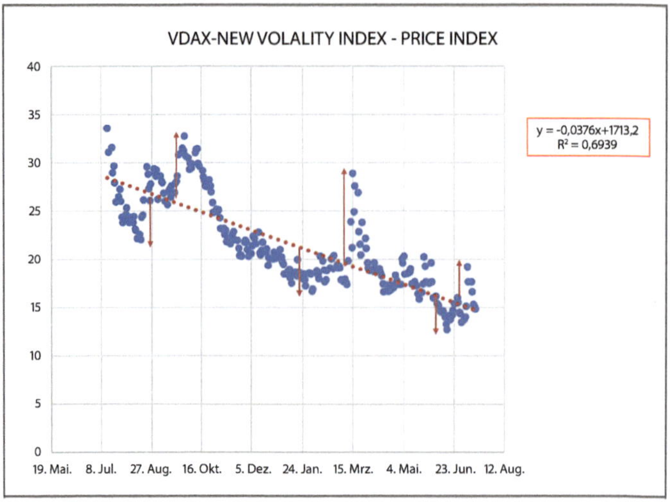

Abbildung 14: Lineare Regression des VIX auf Sicht eines Jahres, Quelle: Refinitiv, eigene Berechnung

3.5 Mit einfachen Mitteln von der Volatilität profitieren

Den Zusammenhang zwischen der Volatilität und den Aktienmärkten konnten wir sowohl visuell als auch mathematisch nachweisen. Nun wollen wir von einer steigenden bzw. fallenden historischen Schwankungsbreite profitieren. Infolge der inversen Korrelation steigen die Aktienkurse bei einer fallenden Volatilität und umgekehrt. In diesem kurzen Abschnitt beschäftigen wir uns mit dem Timing. Hierbei schauen wir uns beide Charts (S&P und VIX) mit dem einfachen 50-Tage-Durchschnitt an. Gut zu erkennen ist, dass es bei einem Unterschreiten des VIX mit seinem gleitenden Durchschnitt zu einem Überschreiten des S&P 500 mit der besagten Glättungslinie kommt.

Wichtig ist aber auch die Veränderung des gleitenden Durchschnitts. Fällt die 50-Tage-Linie und der VIX liegt kurzzeitig darüber, wird dieses Signal nicht beachtet, da dies entgegen des Trends generiert wird. Letztendlich sollten sowohl ein Über- bzw. Unterschreiten der Durchschnittslinie als auch die Richtung des gleitenden Durchschnitts beachtet werden. Dies war Ende März 2023 der Fall. Der Volatilitätsindex VIX schloss unterhalb des 50-Tage-Durchschnitts. Gleichzeitig konnte der S&P 500 seine Glättungslinie auf Schlusskursbasis überwinden. Im Anschluss konnte die Wall Street ordentlich Fahrt aufnehmen. Anfang Mai des gleichen Jahres sprang der VIX für einen kurzen Augenblick über seinen 50-Tage-Durchschnitt. Da die Glättungslinie jedoch gen Süden zeigt, wurde diesem Signal keine Bedeutung beigemessen.

Abbildung 15: Charts des S&P 500 und VIX auf Tagesbasis mit dem einfachen 50-Tage-Durchschnitt, Quelle: Refinitiv, eigene Darstellung

FAZIT:

In diesem Kapitel haben wir gesehen, dass die Volatilität einen sehr großen Einfluss auf die Entwicklung an den Aktienmärkten hat. Wichtig für die Anleger ist es daher, sich vor einem Engagement die historische Schwankungsbreite genau anzuschauen. Der zugrunde liegende Volatilitätsindex (VIX in den USA und VDAX New hierzulande) sollte gen Süden tendieren und einen Abwärtstrend vorweisen. Steigt hingegen die Volatilität an, wäre es ratsam, sich gegen eine mögliche Korrektur abzusichern.

KAPITEL 4

Auswahlprozess

4.1 Regionen

USA, Europa oder Asien – Welche Region wird bevorzugt?

Im vorherigen Kapitel haben wir gesehen, dass im Juni 2023 Aktien ganz oben auf der Einkaufsliste der Anleger standen. Nun stellt sich die nächste Frage: in welche Region der Börsenwelt der Anleger sein Kapital investieren soll. Die Auswahl der richtigen Region kann die Performance Ihres Depots entscheidend beeinflussen.

USA gewinnt Outperformance zurück und Japan kommt zurück

Um die Frage zu beantworten, welche Region für ein Investment interessant sein könnte, werfen wir einen Blick auf die Absoolute Performance-Matrix. Noch einmal zur Erinnerung: Hierbei wird die Kursentwicklung der verschiedenen Regionen auf Sicht der letzten drei und zwölf Monate in ein Koordinationssystem eingetragen. Interessant ist vor allem der zweite Quadrant. Die Performance in dem gewählten Zeitraum ist positiv und es liegt per Definition ein Aufwärtstrend vor. Im Juni 2023 waren japanische und US-amerikanische Aktien in diesem Sektor zu finden. Viele institutionelle Investoren hatten sich über Monate hinweg auf die Schwellenländer Asiens konzentriert und Japan mehr oder weniger aus den Augen verloren. Der Nikkei, der immer noch unter den Höchstständen aus dem Jahr 1989 notiert, konnte einen neuen Aufwärtstrend starten. US-Aktien, die noch Monate zuvor den europäischen Pendants hinterher hinkten, gewannen ihre Outperformance zurück. Im Umkehrschluss mussten die Börsen auf dem alten Kontinent wieder den Börsen an der Wall Street das Sagen überlassen. Und die Emerging Markets? Diese konnten im Juni 2023 nicht überzeugen, wiesen eine Underperformance auf und waren in der Absoluten Performance-Matrix im vierten Quadranten zu finden. Indizes im Abwärtstrend sind für eine Long-Position überhaupt nicht geeignet, höchstens für die Anleger, die auf fallende Notierungen setzen.

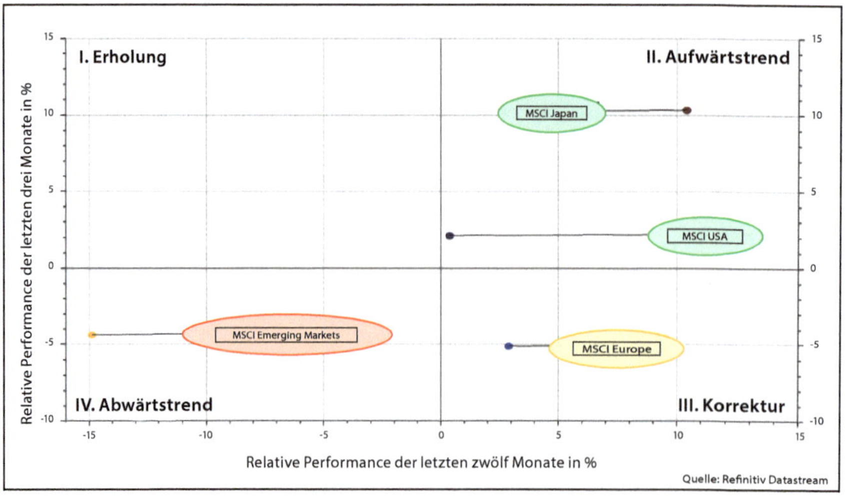

Abbildung 16: Absolute Performance der Regionen auf Sicht der letzten zwölf und drei Monate in %

Ein Blick auf den Ratio-Chart lohnt sich immer

Mit der Absoluten Performance-Matrix haben wir herauskristallisiert, welche Region im Augenblick überzeugen kann. Allerdings wird die Frage noch nicht beantwortet, ob diese Outperformance bzw. Underperformance noch auf dem Vormarsch bzw. bereits auf dem Rückzug ist. Daher kommen die Ratio-Charts zum Einsatz, die wir schon im Kapitel 1.1 kennengelernt haben. Der Kurs der jeweiligen Region wird durch den einer Benchmark dividiert, indexiert und grafisch aufbereitet. Zur Vereinfachung schauen wir uns die MSCI-Regionen USA, Europa, Emerging Markets und Japan an und vergleichen diese mit dem Weltaktienindex MSCI World in US-Dollar.

Amerikanische Dividendenpapiere haben die Nase vorn

Im ersten Ratio-Chart ist das Verhältnis des MSCI USA und des Weltaktienindex MSCI World zu sehen. Die erste Erkenntnis ist, dass die Ratio-Linie oberhalb des Wertes von 100 liegt. Dies allein spricht schon für eine Outperformance der Wall-Street-Aktien gegenüber dem MSCI World. Diese Linie kann natürlich mit den Werkzeugen der klassischen Chartanalyse untersucht werden – in diesem Fall mit der beliebten Trendlinienanalyse. Der Bruch einer kurzfristigen Abwärtstrendlinie nach oben und der Sprung über zwei Widerstände bestätigt die Vermutung, dass US-Aktien die übrigen weltweiten Anteilsscheine hinter sich lassen. Diese Relative Stärke hält Monate, wenn nicht sogar Jahre an. Letztendlich ist dies für den Anleger ein Zeichen, verstärkt in diese Region zu investieren. Vor allem waren im Juni 2023 Technologieaktien nach langer Abstinenz wieder beliebt. Papiere wie Apple, Amazon, Alphabet, Meta und Microsoft bereiteten den Anlegern zu diesem Zeitpunkt große Freude.

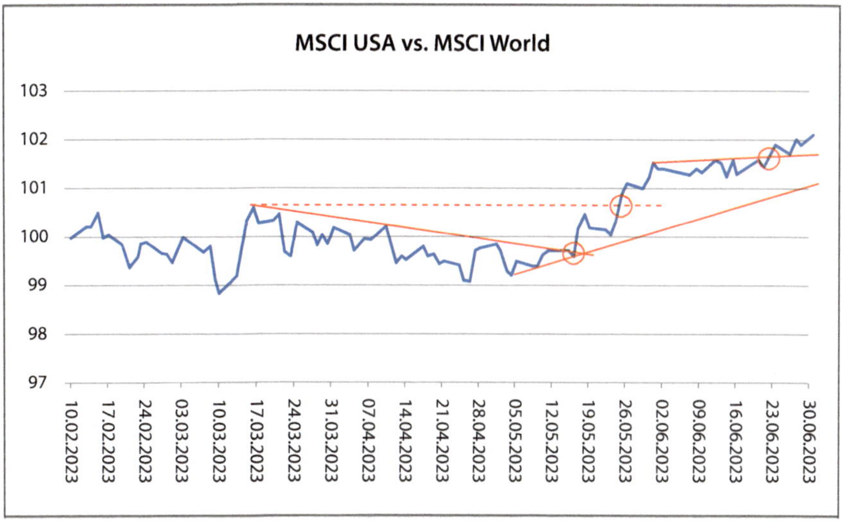

Abbildung 17: Ratio-Chart MSCI USA vs. MSCI World, Quelle: Refinitiv, eigene Darstellung

Der alte Kontinent hat das Nachsehen

Von März bis Ende April 2023 standen europäische Aktien in der Gunst der Anleger. US-Aktien waren zu diesem Zeitpunkt nicht gefragt. Doch Ende April des besagten Jahres endete abrupt die Outperformance des MSCI Europa. Der kurzfristige Aufwärtstrend wurde nach unten durchbrochen und ein neuer Abwärtstrend hatte sich etabliert. Anfang Juni kam es mit dem Rutsch unter das März-Tief zu einem weiteren Ausstiegssignal. Dies war im Umkehrschluss der Beginn der Aufholjagd an der Wall Street. Da der Abwärtstrend im Ratio-Chart zum Zeitpunkt im Juni 2023 andauert, kämen europäische Dividendenpapiere im weiteren Auswahlprozess nicht in Betracht.

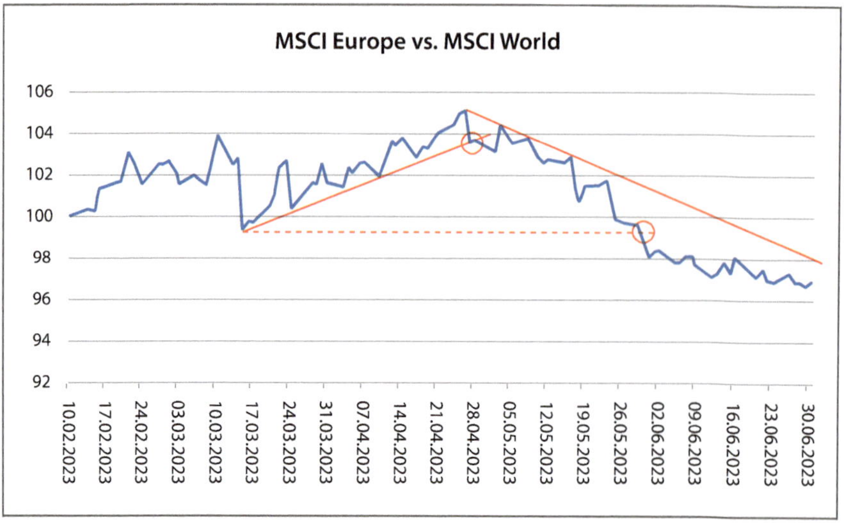

Abbildung 18: Ratio-Chart MSCI Europa vs. MSCI World, Quelle: Refinitiv, eigene Darstellung

Japanische Aktien melden sich zurück

Aktien an der Tokioter Börsen wurden über Jahre hinweg schlichtweg vernachlässigt. Chinesische Werte oder Anteilsscheine aus anderen Regionen Asiens fanden in den Depots vor allem der großen, institutionellen Investoren Einzug. Aktien aus Nippon dürften Anfang Mai 2023 die wenigsten Anleger auf dem Schirm gehabt haben. Doch zu diesem Zeitpunkt wurde im Ratio-Chart des MSCI Japan vs. MSCI World ein Widerstand eliminiert und der noch junge Aufwärtstrend bestätigt. Im weiteren Verlauf konnte der Nikkei nicht nur deutlich Boden gut machen, sondern sorgte infolge der neu gewonnenen Outperformance für Erstaunen unter den weltweiten Anlegern. Ende Juni 2023 scheint allerdings ein wenig Luft raus zu sein. Im Ratio-Chart hat sich ein Dreifachhoch gebildet und der seit Anfang April intakte Aufwärtstrend steht unter Druck. Bei einem Bruch der genannten Trendlinie gen Süden wäre die Herrlichkeit der japanischen Aktien erst einmal beendet und der Anleger müsste sich eine andere, lukrative Region suchen. Gelingt hingegen der erfolgreiche Test der Chartmarke und das Dreifachhoch wird überwunden, steht einer Fortsetzung der Kletterpartie nichts im Weg.

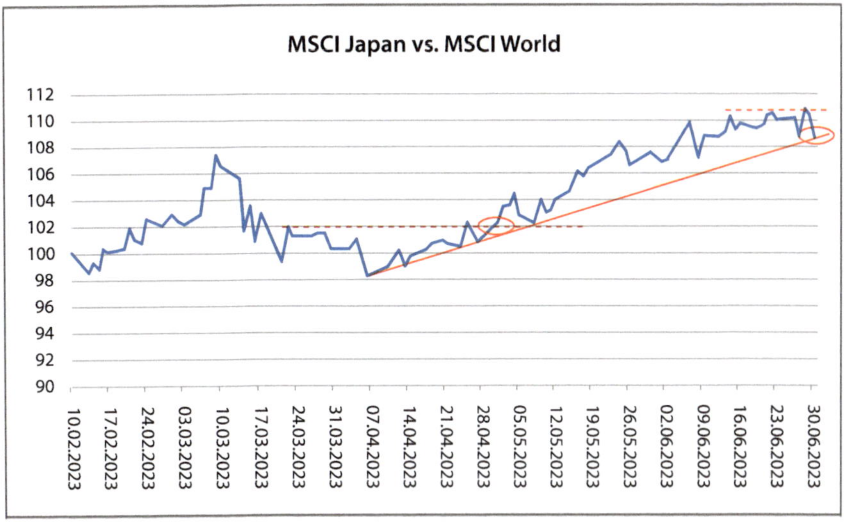

Abbildung 19: Ratio-Chart MSCI Japan vs. MSCI World, Quelle: Refinitiv, eigene Darstellung

Emerging Markets verlieren an Bedeutung

In der Absoluten Performance-Matrix waren die Aktien aus den Emerging Markets, also den Schwellenländern, im Juni 2023 im vierten Quadranten zu finden. Infolge dieser Underperformance war die Region für den Investor recht uninteressant. Der Ratio-Chart bestätigt aus technischer Sicht die damalige Situation. Seit Februar 2023, dem Startpunkt des Ratio-Charts, lag die Ratio-Linie unterhalb der Nulllinie und signalisierte eine

Underperformace der Emerging-Markets-Aktien gegenüber dem Weltaktienindex MSCI World. Seit März des gleichen Jahres dominiert ein bis zum heutigen Tag (Stand Juli 2023) intakter Abwärtstrend. Ende Juni hat sich die Abwärtsdynamik infolge eines Rutsches unter ein Tief noch beschleunigt. Ende Juni wurde die untere Trendkanallinie erreicht. Prallt die Ratio-Linie davon nach oben ab, könnte es kurzfristig zu einer Erholung kommen. Dies bedeutet jedoch noch kein baldiges Ende der Underperformance.

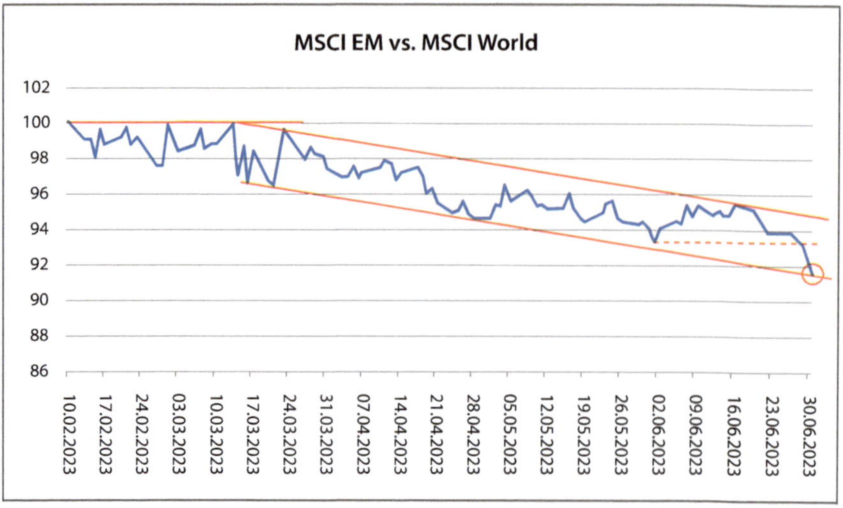

Abbildung 20: Ratio-Chart MSCI Emerging Markets vs. MSCI World, Quelle: Refinitiv, eigene Darstellung

Die richtige Region ins Depot

In diesem Kapitel wollten wir zeigen, wie Sie als Anleger die richtige Region finden, die die höchste Rendite verspricht. US-Aktien und Anteilsscheine aus Nippon konnten im Juni 2023 überzeugen, Dividendenpapiere aus Europa und den Emerging Markets dagegen weniger. Der nächste Schritt im Top-down-Ansatz wäre nun, sich die verschiedenen Aktiensektoren bzw. Einzelaktien aus der betreffenden Region näher anzuschauen. Bevor wir das am Beispiel des Stoxx 600 machen, schauen wir uns die Bedeutung der Volatilität an den Aktienmärkten an. Wie reagieren die Indizes auf die Entwicklung des „Angstbarometers" und wie können die Anleger davon profitieren.

4.2 Sektoren
Auf die Sektorenrotation kommt es an – Welcher Sektor ist interessant?

Gehen wir nun die nächste Stufe im Top-down-Ansatz weiter abwärts und widmen uns der Suche nach dem geeigneten Aktiensektor. Ein Börsenbarometer, zum Beispiel der Stoxx 600, ist in neunzehn Subindizes unterteilt und repräsentiert alle Wirtschaftszweige in Europa. Und die Aktien aus diesen verschiedenen Bereichen wechseln sich in der Gunst der Anleger ab, abhängig von dem Konjunkturzyklus und der allgemeinen Situation an den weltweiten Börsen. Wir haben bereits im vorherigen Kapitel gesehen, dass einmal zyklische, dann defensive Dividendenpapiere gefragt sind. Auch gibt es Zeiten, in denen Growth-Titel besser abschneiden gegenüber Value-Werten und umgekehrt. In diesem Kapitel schauen wir uns an, wie der Anleger den Aktiensektor mit der besten Outperformance finden kann. Zum einen können die Aktien aus diesen Sektoren den Gesamtmarkt schlagen und zum anderen können wir so unser Depot diversifizieren und somit das Risiko besser verteilen.

Zuerst kommt die Absolute Performance-Matrix

Bevor wir die Outperformer unter den Aktiensektoren bestimmen, führen wir zuerst eine Standortbestimmung durch. Mit anderen Worten filtern wir die verschiedenen Stoxx-600-Sektoren nach dem vorhandenen Trend. Ein Trend kann in vier unterschiedliche Phasen eingeteilt werden. Diese sind Erholung, Aufwärtstrend, Korrektur und Abwärtstrend. Eine Möglichkeit, den Trend zu bestimmen, haben wir bereits kennengelernt, nämliche die Performance-Matrix. Wenn die Performance beispielsweise auf Sicht der letzten drei Monate und vier Wochen positiv ist, befindet sich der betreffende Sektor in einem Aufwärtstrend. Bei einer negativen Kursentwicklung in dem genannten Beobachtungszeitraum liegt ein Abwärtstrend vor. Schwächelt der Basiswert auf Sicht der letzten vier Wochen bei einer gleichzeitig positiven Performance in den letzten drei Monate, befindet sich der Aktiensektor in einer Korrektur. Und steigen die Notierungen kurzfristig, bei einer negativen Kursentwicklung auf Sicht der vergangenen drei Monate, ist eine Erholung zu beobachten.

Im Chart ist die Absolute Performance-Matrix der Stoxx-600-Sektoren auf Sicht der letzten drei und zwölf Monate im Juli 2023 zu sehen. In diesem Zeitraum wiesen lediglich die Sektoren Banken und Einzelhandel einen Aufwärtstrend auf. Die zyklischen Branchen Technologie, Industrie und Automobile befanden sich im Korrekturmodus. Die defensiven Aktien aus den Branchen Pharma, Versorger, Konsumgüter und Telekommunikation waren im vierten Quadranten und somit im Abwärtstrend zu finden. Auf Erholungskurs befanden sich dagegen die beiden Sektoren Chemie und Immobilien.

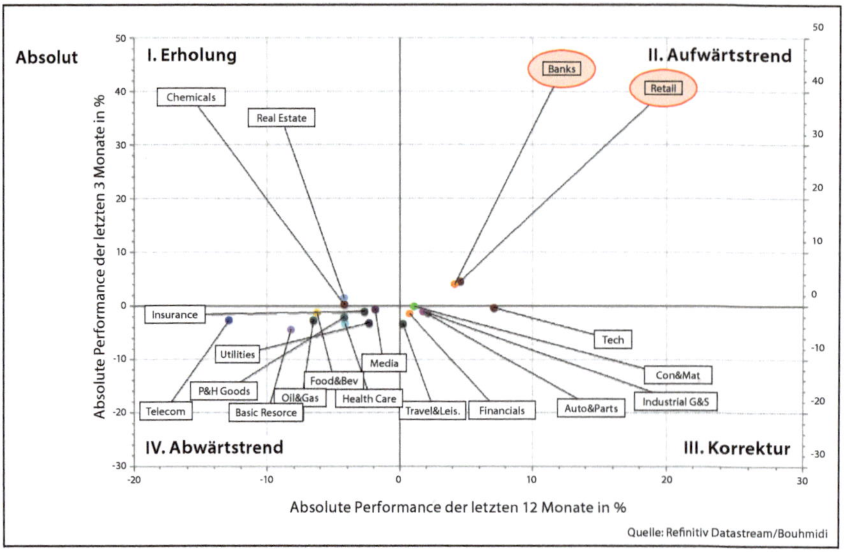

Abbildung 21: Absolute Performance-Matrix der Stoxx-600-Sektoren auf Sicht der letzten drei und zwölf Monate, Quelle: Refinitiv, eigene Darstellung

Wer schlägt den Gesamtmarkt?

Nach der Trendbestimmung der einzelnen Stoxx-Sektoren kommen wir nun zur Bestimmung der Outperformance. Oder anders formuliert: Welche Sektoren schneiden im Vergleich zum Gesamtmarkt besser ab? Der Gedanke dahinter ist die Relative Stärke. Diese besagt, dass im Fall einer Aufwärtsbewegung die betreffenden Aktien eines Sektors im Vergleich zur Benchmark besser laufen und bei einer Korrektur oder Abwärtsbewegung nicht so stark verlieren wie der Gesamtmarkt. Im nächsten Chart ist die Relative

Performance-Matrix der Stoxx-600-Sektoren zu sehen. Die Kursentwicklung der einzelnen Branchen wird nun mit der des Stoxx 600 verglichen. Fällt der Unterschied positiv aus, liegt eine Outperformance vor. Ist die Relative Performance dagegen negativ, weist der Sektor eine Underperformance auf.

Im Juli 2023 waren fünf Stoxx-600-Sektoren in der Relativen Performance-Matrix im zweiten Quadranten und somit im Aufwärtstrend zu finden. Neben den bereits genannten Aktien aus den Branchen Banken und Einzelhandel konnten Dividendenpapiere aus den Wirtschaftszweigen Bau, Technologie und Automobile überzeugen. Was bedeutet dieses Ergebnis für den Anleger? Diese Sektoren sollten nun näher unter die Lupe genommen werden.

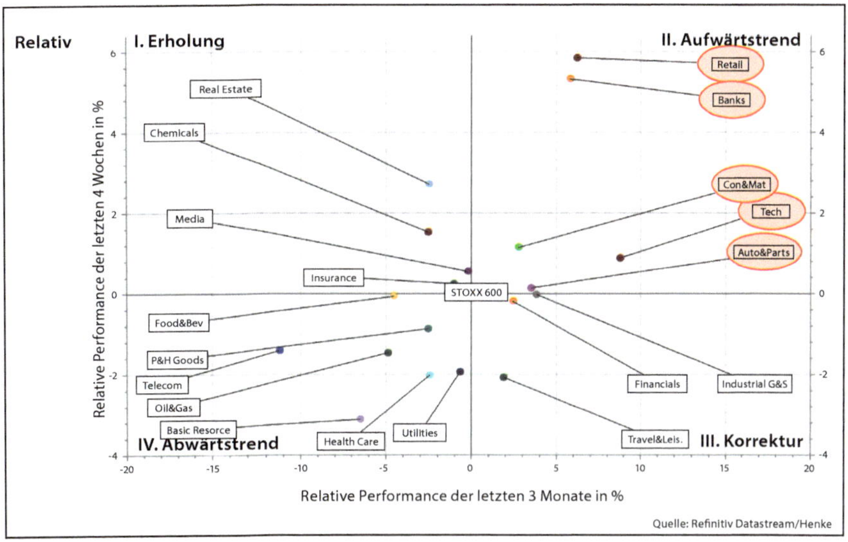

Abbildung 22: Relative Performance-Matrix der Stoxx-600-Sektoren auf Sicht der letzten drei und zwölf Monate, Quelle: Refinitiv, eigene Darstellung

Die Ratio-Charts – Dem richtigen Sektor auf der Spur

In den vorherigen Schritten haben wir fünf Sektoren identifiziert, die für den Anleger für ein Investment von Interesse sein könnten. Nun gehen wir ins Detail und schauen uns die erwähnten Subindizes ein wenig genauer an. Dies geschieht zum einen mit den Ratio-Charts und zum anderen mit den Relativen Liniencharts. Aber zuerst werfen wir einen Blick auf die

Ratio-Charts. Zuerst sehen wir eine Ratio-Tabelle der Stoxx-600-Sektoren, sortiert nach dem Ratio-Wert der vergangenen 100 und 25 Handelstage. Hierbei wurden die Kurse indexiert und tabellarisch aufbereitet. In diesem Beispiel führt der Sektor Technologie die Tabelle an. Auch die erwähnten Einzelhandelsaktien gehören zur Spitzengruppe. Die europäischen Banken-Titel befanden sich im Juni 2023 noch im Mittelfeld der Tabelle. Wichtig ist die Unterteilung des Verhältnisses zwischen Branche und Gesamtmarkt auf Sicht von 100 und 25 Tagen. So erkennt der Anleger, ob ein Spitzen-Sektor möglicherweise an Dynamik einbüßt oder eine schwächere Branche an Stärke gewinnt. Stärke und Schwäche beginnen in der Regel zuerst in der unteren Zeitebene (25 Tage).

Stoxx-600-Sektoren	Ratio n=100	Ratio n=25
Technology	110,48	99,61
Retail	106,69	106,16
Travel	105,65	98,69
Health	103,84	98,87
Industrial	103,76	99,20
Utilities	102,76	98,76
Automotive&Parts	102,05	99,40
P+H	102,04	100,23
Construction	100,74	100,58
Food	99,47	100,29
Media	99,09	101,72
Chemie	98,64	102,49
Financials	96,50	99,18
Banks	94,45	105,04
Insurance	93,84	99,44
Oil	91,25	98,49
Telecom	89,66	99,15
Basic Res.	88,79	95,57
Real Estate	87,73	102,09

Abbildung 23: Ratio-Tabelle der Stoxx-600-Sektoren auf Sicht der letzten 100 und 25 Tage im Juli 2023, Quelle: Refinitiv, eigene Darstellung

Bankaktien wieder in der Gunst der Anleger

Den Anfang machen wir mit dem europäischen Bankensektor. Wie wir in der Ratio-Tabelle gesehen haben, nahm dieser Sektor im Juni 2023 noch einen Platz im Mittelfeld ein. Doch der Ratio-Chart verriet uns zu diesem Zeitpunkt eine beginnende Outperformance. Obwohl die besagte Branche im Verhältnis-Chart unter dem Wert von 100 notierte, konnte die steigende Widerstandslinie signifikant überwunden werden. Gleichzeitig wurde im Kurschart ebenfalls eine charttechnische Hürde übersprungen. Um es vorweg zu verraten, im Anschluss konnten die Titel aus diesem Sektor deutlich zulegen. Dies ist im August 2023 immer noch der Fall.

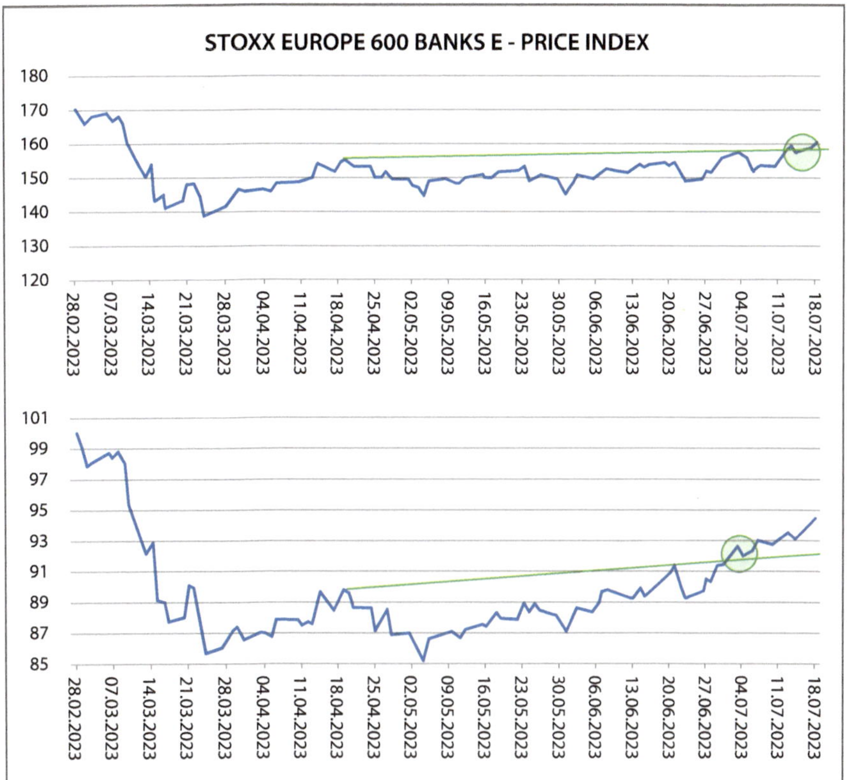

Abbildung 24: Kurschart des Stoxx 600 Banken und Ratio-Chart, Quelle: Refinitiv, eigene Darstellung

Noch ein wenig früher als der Ratio-Chart hatte der Relative Linienchart ein Einstiegssignal geliefert. Bei dieser grafischen Darstellung wird die Performance des Subindex auf Sicht der letzten drei Monate mit der des Gesamtmarktes verglichen und in einem Linienchart dargestellt. Oberhalb der Null-Prozent-Linie liegt eine Out- und unterhalb der Nulllinie eine Underperformance vor. Der Bankensektor hatte Mitte Juni 2023 den Weg in die Outperformance eingeschlagen. Im Ratio-Chart erfolgte das Kaufsignal erst einige Wochen später.

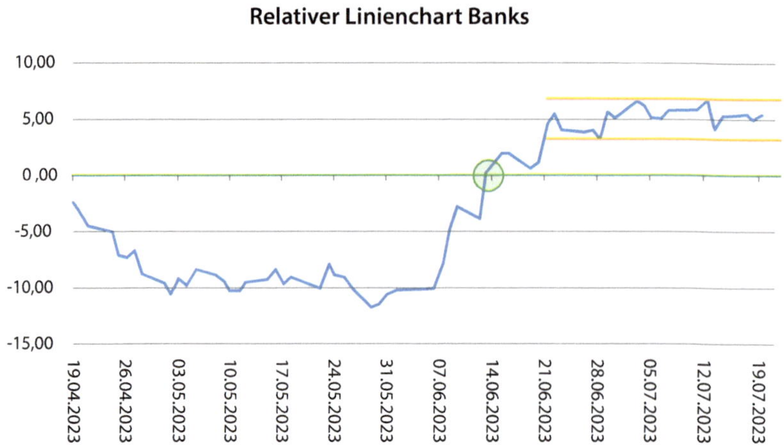

Abbildung 25: Relativer Linienchart des europäischen Bankensektors vs. Stoxx 600 auf Sicht von drei Monaten in %, Quelle: Refinitiv, eigene Darstellung

Auch der Ratio-Chart bei den Einzelhandelsaktien mit Vorlaufcharakter

Ein weiterer Stoxx-600-Sektor, der im Juni 2023 plötzlich wieder gefragt war, war der Subindex der europäischen Einzelhandelsaktien. Ende des besagten Monats konnte im Ratio-Chart ein Widerstand bezwungen werden. Erst einige Wochen darauf erfolgt der Bruch einer charttechnischen Hürde nach oben im Kurschart. Die Dividendenpapiere von H&M, Zalando und Co. konnten anschließend deutlich zulegen.

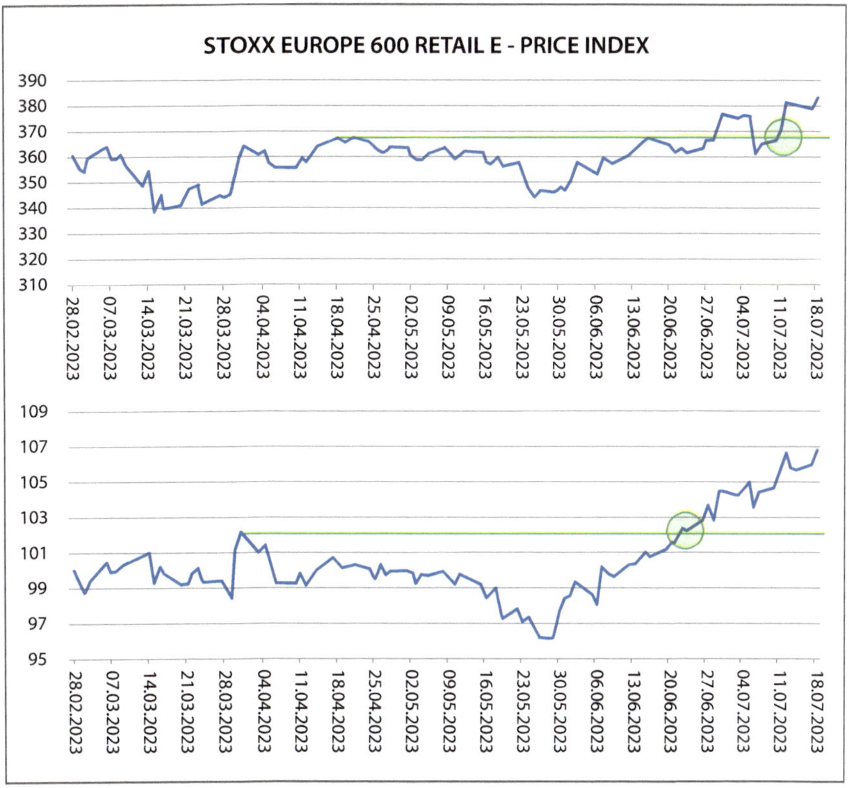

Abbildung 26: Kurschart des Stoxx 600 Einzelhandel und Ratio-Chart, Quelle: Refinitiv, eigene Darstellung

Auch der Relative Linienchart des Subindex Einzelhandel hatte einen zeitlichen Vorlauf gegenüber dem Ratio-Chart. Eine Woche vorher konnte im Linienchart die Nulllinie überwunden werden. Der Sprung über die Hürde im Ratio-Chart kann als Bestätigung bezeichnet werden. Erst wenn die Nulllinie wieder unterschritten würde, wäre die Outperformance gegenüber dem Gesamtmarkt (Stoxx 600) beendet.

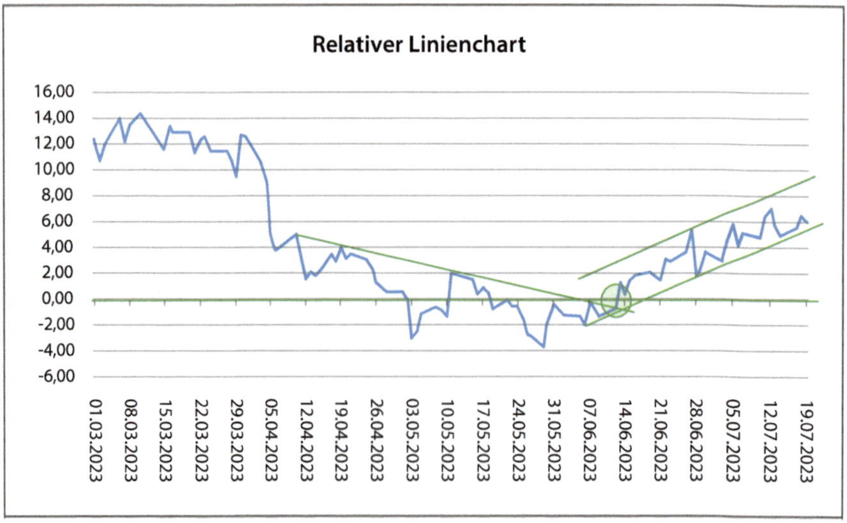

Abbildung 27: Relativer Linienchart des europäischen Einzelhandelssektors vs. Stoxx 600 auf Sicht von drei Monaten in %, Quelle: Refinitiv, eigene Darstellung

Auch der erste Quadrant kann interessant sein

Wir haben uns zwei Stoxx-Sektoren angeschaut, die sich im zweiten Quadranten der Relativen Performance-Matrix aufhielten und somit einen Aufwärtstrend vorweisen konnten. Aber auch ein Blick auf den Erholungsquadranten (Erster Quadrant) kann recht aufschlussreich sein. Hier war im Juni 2023 der Index der europäischen Immobilienaktien zu finden, die noch Monate zuvor infolge steigender Zinsen verkauft wurden und folglich lange im vierten Quadranten (Abwärtstrend) ein Dasein fristen mussten. Doch mit der Hoffnung auf ein Ende des Zinserhöhungszyklus in den USA gerieten diese Aktien wieder in den Mittelpunkt der Anleger. Im Juli des gleichen Jahres konnte sowohl im Kurs- als auch im Ratio-Chart der Abwärtstrend überwunden werden. Im Relativen Linienchart gelang sogar der Sprung über die Nulllinie. Diese grafische Darstellung hatte erneut einen Vorlaufcharakter. Kurze Zeit darauf wurden im Kurs- und Ratio-Chart das fallende Hoch (gestrichelte Linie) hinter sich gelassen. Europäische Immobilienaktien starteten eine bemerkenswerte Aufholjagd.

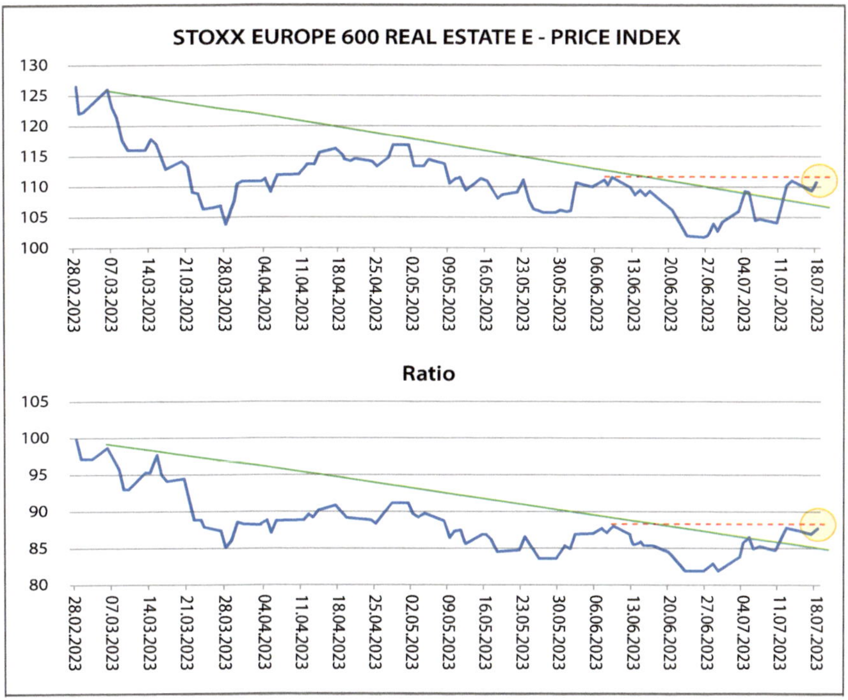

Abbildung 28: Kurschart des Stoxx 600 Real Estate und Ratio-Chart, Quelle: Refinitiv, eigene Darstellung

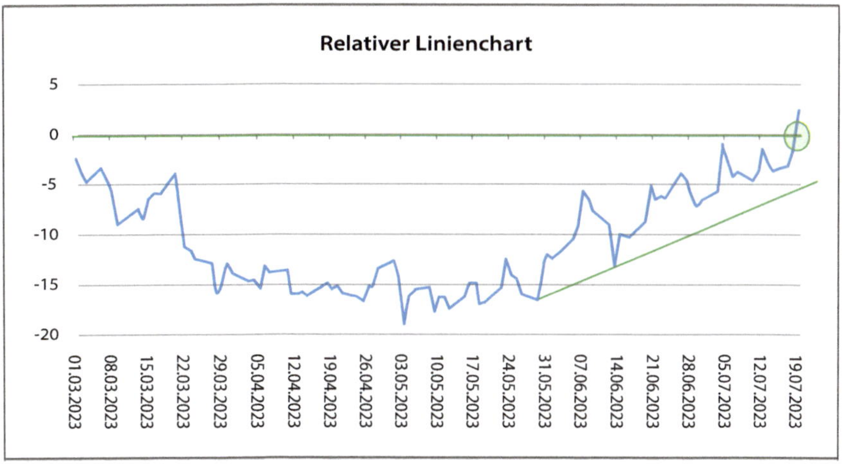

Abbildung 29: Relativer Linienchart des europäischen Immobiliensektors vs. Stoxx 600 auf Sicht von drei Monaten in %, Quelle: Refinitiv, eigene Darstellung

Outperformance kann auch plötzlich enden

Der Sinn der Relativen Performance-Matrix ist es, Sektoren herauszufiltern, die eine Outperformance aufweisen, um diese anschließend einer näheren Betrachtung zu unterziehen. Ein Sektor kann zwar eine Outperformance vorweisen, die jedoch möglicherweise kurz davor steht, zu enden. Ein Beispiel ist der europäische Technologiesektor. Im Juli 2023 hatte der genannte Subindex im Kurschart einen vorherigen Widerstand erreicht. Im Ratio-Chart konnte dieser Widerstand nicht signifikant in die Knie gezwungen werden. Ein wenig positiver sah es im Relativen Linienchart aus. Zwar gelang der Bruch des Abwärtstrends, aber auch hier scheiterte der Ausbruch über ein erreichtes Hoch. Im Anschluss drehte der Stoxx 600 Technology gen Süden. Und die Outperformance nahm ihr Ende.

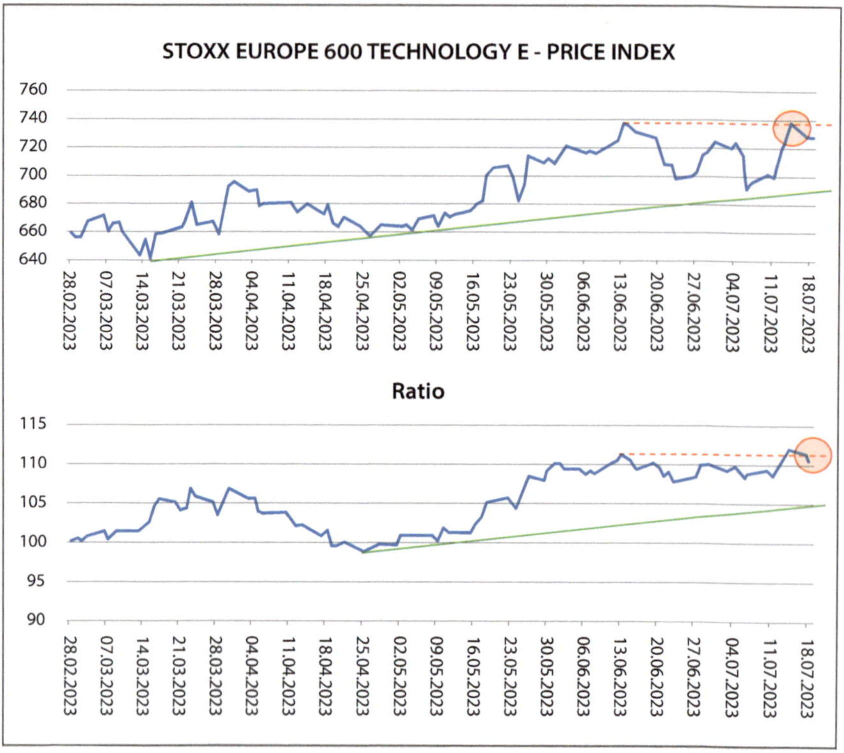

Abbildung 30: Kurschart des Stoxx 600 Technology und Ratio-Chart, Quelle: Refinitiv, eigene Darstellung

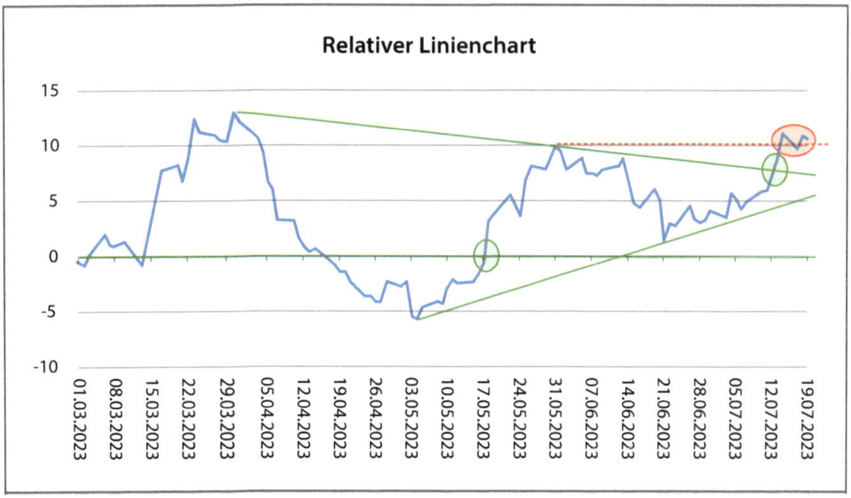

Abbildung 31: Relativer Linienchart des europäischen Immobiliensektors vs. Stoxx 600 auf Sicht von drei Monaten in %, Quelle: Refinitiv, eigene Darstellung

FAZIT:

In diesem Kapitel haben wir gesehen, wie der Anleger unter den Aktiensektoren des Stoxx 600 die Subindizes herausfiltern kann, die eine Outperformance gegenüber dem Gesamtmarkt aufweisen. Bevor wir den nächsten Schritt hin zu den Einzelaktien machen, sollten jedoch der Ratio- und der Relative Linienchart unter die Lupe genommen werden. Ein Ausbruch aus dem Kurschart nach oben muss durch entsprechende Signale im Ratio- und Linienchart bestätigt werden. Die Relative Performance-Matrix fungiert als Filter; die Kaufentscheidung sollte jedoch nach der Analyse des Ratio- und Liniencharts getroffen werden.

4.3 Einzelwerte

Nächster Schritt im Auswahlprozess – Welche Aktien sind interessant?

Nach der Auswahl relativ starker Sektoren kommen wir nun zum nächsten Schritt des Auswahlprozesses: die Suche nach geeigneten Aktien. Auch hier kommt die Relative Performance-Matrix zum Einsatz. Am Ende dieses Schrittes stehen einige Einzelwerte auf der Watchlist, die dann einer näheren Betrachtung unterzogen werden.

Interessante Bankaktien – UniCredit im Fokus

Der europäische Bankensektor konnte im Sommer 2023 durch Relative Stärke gegenüber dem Gesamtmarkt (Stoxx 600) überzeugen. Für den Anleger stellte sich die Frage, welcher Titel aus dem genannten Sektor möglicherweise den Weg in das Depot finden würde. Dargestellt ist die Relative Performance-Matrix des europäischen Bankensektors. Einige Werte hielten sich im Juli 2023 im zweiten Quadranten und somit im Aufwärtstrend auf. Wir konzentrieren uns auf den italienischen Wert UniCredit.

Die Anteilsscheine des italienischen Kreditinstituts konnten hinsichtlich der Relativen Stärke überzeugen. Zur weiteren Analyse werfen wir einen Blick auf den Ratio-Chart. Hierbei wird die Kursentwicklung der UniCredit-Aktie durch die des Stoxx 600 Banken dividiert und zum besseren Vergleich mit anderen Aktien indexiert. Zu sehen ist, dass der besagte Titel zum einen über dem Wert von 100 lag und sich zum anderen in einem intakten Aufwärtstrend befand. Zudem konnte im Juni 2023 ein Widerstand innerhalb des Ratio-Charts bezwungen werden. Im Anschluss folgte eine klare Outperformance gegenüber dem Stoxx 600 Banken.

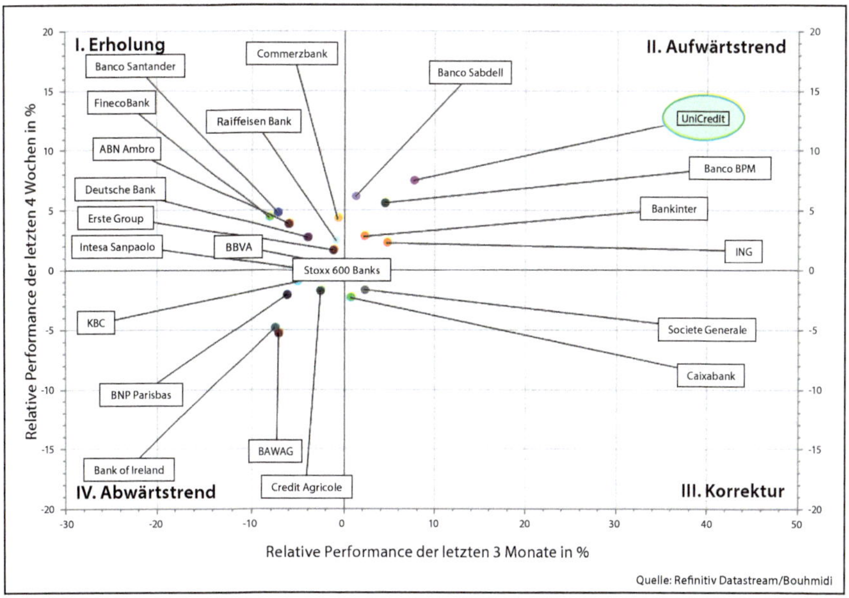

Abbildung 32: Relative Performance-Matrix des Stoxx 600 Banken auf Sicht der letzten drei und zwölf Monate

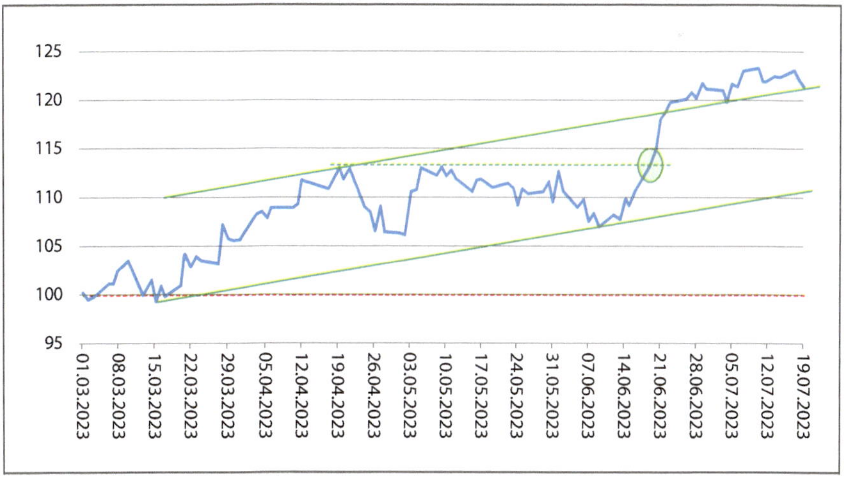

Abbildung 33: Ratio-Chart UniCredit vs. Stoxx 600 Banken, Quelle: Refinitiv, eigene Darstellung

Technologieaktien wieder gefragt

Im Sommer des Jahres 2023 waren europäische Technologieaktien wieder gefragt und gehörten somit in ein gut diversifiziertes Depot. In dem genannten Zeitraum waren die Aktien von ASM International, SAP und Dassault im zweiten Quadranten (Aufwärtstrend) zu finden. Für die genauere Betrachtung haben wir uns für die Anteilsscheine des niederländischen Konzerns ASM International entschieden.

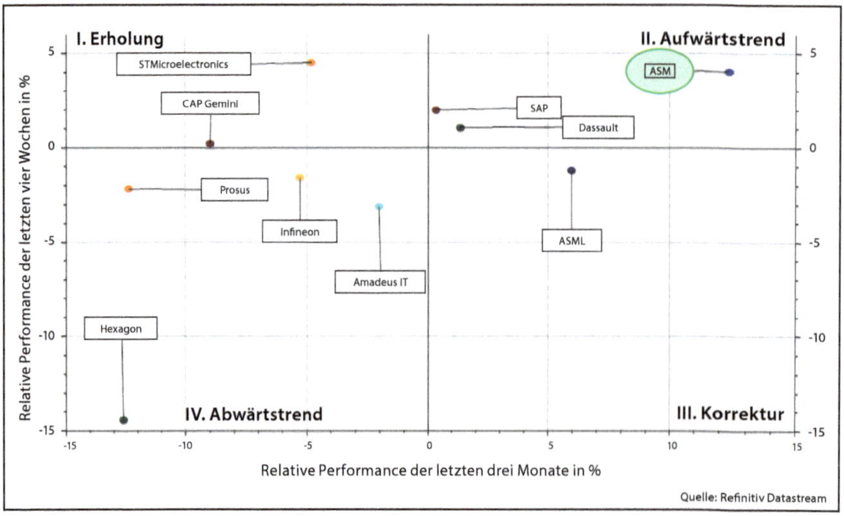

Abbildung 34: Relative Performance-Matrix des Stoxx 600 Technologie auf Sicht der letzten drei und zwölf Monate

Im Ratio-Chart ist die ASM International-Aktie gegenüber dem Stoxx 600 Technologie zu sehen. Im Zeitraum von Anfang März bis Mitte Juli 2023 befand sich der Titel in einem intakten Aufwärtstrend. Zudem wurde im Juli der kurzfristige Abwärtstrend signifikant nach oben durchbrochen. Auch bei dieser Aktie konnte im weiteren Verlauf die Benchmark, also der Stoxx 600 geschlagen werden.

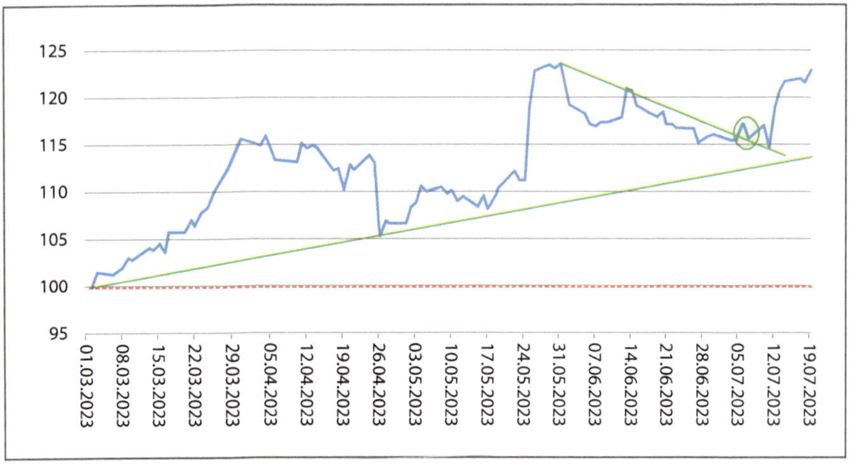

Abbildung 35: Ratio-Chart ASM International vs. Stoxx 600 Banken, Quelle: Refinitiv, eigene Darstellung

H&M & Co. feiern ihre Rückkehr

Im Sommer 2023 meldeten sich die europäischen Einzelhandelsaktien zurück und waren plötzlich in der Relativen Performance-Matrix im Aufwärtstrend zu finden. Zu diesem Zeitpunkt standen unter anderem defensive Dividendenpapiere in der Gunst der Anleger. So auch die Anteilscheine des schwedischen Einzelhändlers Hennes & Mauritz, besser bekannt unter der Abkürzung H&M.

Aufschlussreich ist der Ratio-Chart von H&M im Vergleich zum Stoxx 600 Retail. Ende Juni 2023 konnte ein waagerechter Widerstand aus dem Weg geräumt werden. Anschließend hatte die Aktie den Vorwärtsgang eingelegt und die Benchmark abgehängt. Allerdings sieht man auch, dass die klassische Chartanalyse auch beim Ratio-Chart funktioniert. Anfang Juli konnte im Ratio-Chart das Hoch nicht mehr überwunden werden. Es bildete sich ein sogenanntes Doppelhoch. Danach musste die H&M-Aktie Federn lassen und die Outperformance gegenüber dem Stoxx 600 Retail einbüßen.

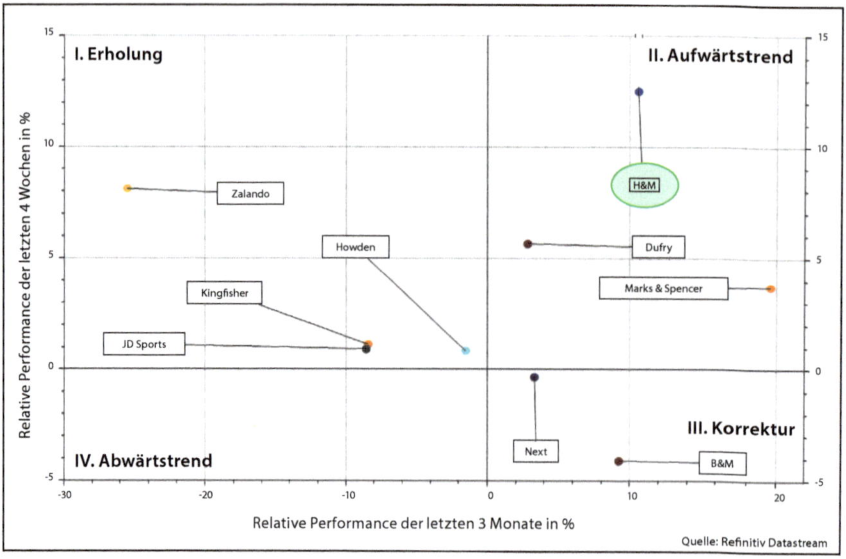

Abbildung 36: Relative Performance-Matrix des Stoxx 600 Einzelhandel auf Sicht der letzten drei und zwölf Monate

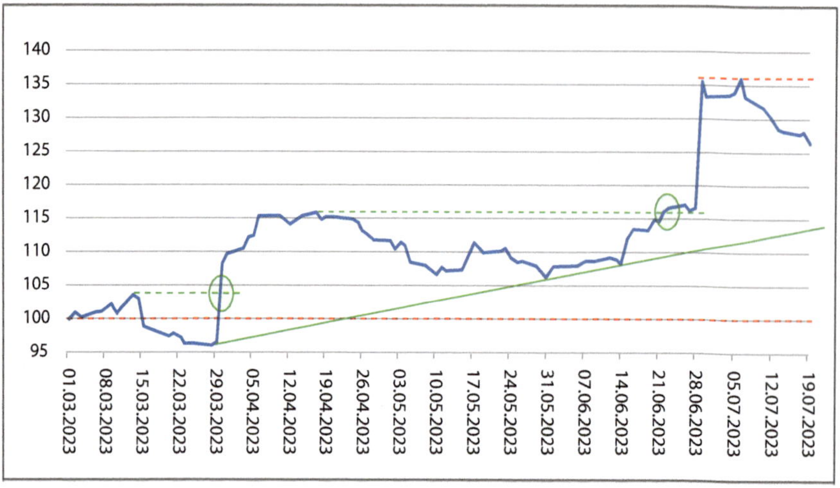

Abbildung 37: Ratio-Chart H&M vs. Stoxx 600 Einzelhandel, Quelle: Refinitiv, eigene Darstellung

Ferrari gibt Gas

Europäische Automobilaktien gaben im Sommer 2023 Gas und fuhren eindrucksvoll in den zweiten Quadranten der Relativen Performance-Matrix. Allerdings gehörten nicht die deutschen Vertreter Daimler, Mercedes, Porsche und Volkswagen zu den Outperformern, sondern Renault und Ferrari. Vor allem die Aktien des italienischen Herstellers von Luxuskarossen ließen die Herzen der Aktionäre höher schlagen.

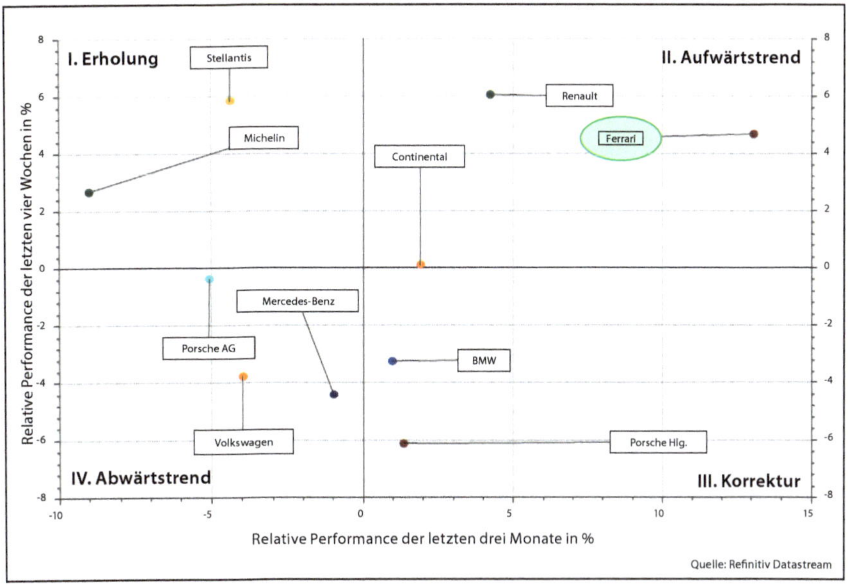

Abbildung 38: Relative Performance-Matrix des Stoxx-600-Automobile auf Sicht der letzten drei und zwölf Monate

Dass Ferrari von Anfang März 2023 Gas gegeben hat, ist im Ratio-Chart zu erkennen. Über Monate konnte die Relative Stärke der italienischen Luxusmarke gegenüber dem Stoxx 600 Automobile überzeugen. Nach einer kurzen Rast im Juni konnten Ende des genannten Monats die Aktien auf die Überholspur zurückkehren.

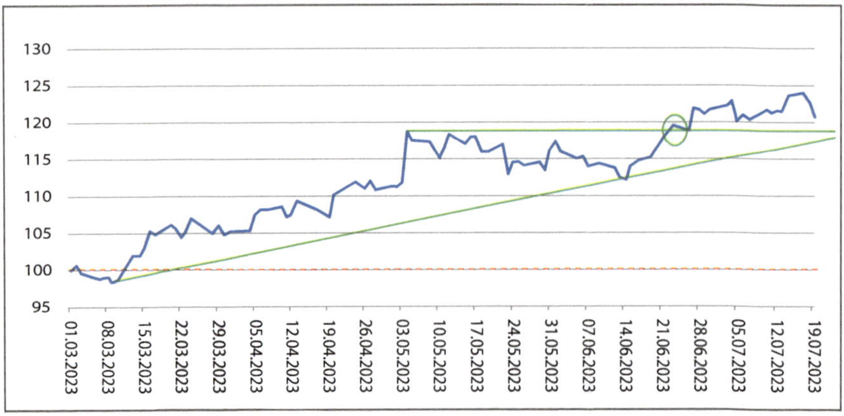

Abbildung 39: Ratio-Chart Ferrari vs. Stoxx 600 Automobile, Quelle: Refinitiv, eigene Darstellung

FAZIT:

Wir haben nun das Ende des Auswahlprozesses erreicht. Am Ende stehen nun fünf Aktien, die eine Outperformance gegenüber dem Gesamtmarkt (Stoxx 600) und den jeweiligen Stoxx-600-Sektoren aufweisen. Nun folgt der nächste Schritt, die saisonale Betrachtung und die Fundamental- und Chartanalyse der ausgewählten Aktien. In der unten stehenden Grafik ist der vollständige Prozess von dem Ur-Chart (Aktien, Anleihen oder Rohstoffe) hin biszur nun kommenden Auswahl von Einzelaktien zu sehen.

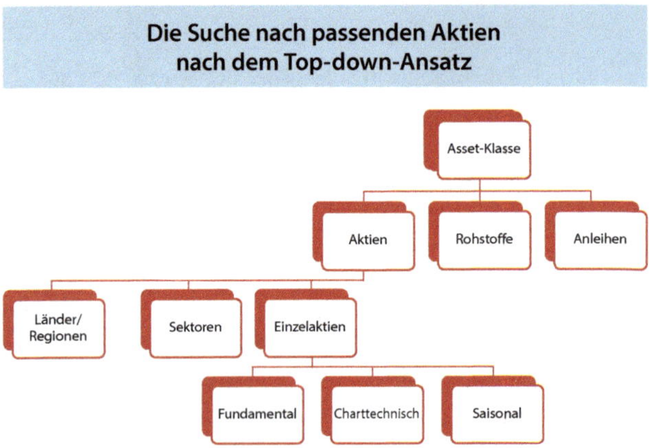

Abbildung 40: Theoretische Grafik des gesamten Top-down-Ansatzes, Quelle: eigene Darstellung

Halbzeit

Die erste Hälfte des Auswahlprozesses liegt nun hinter uns. In Kapitel 1 haben wir uns zunächst mit der Frage beschäftigt, welche Anlageklasse zum Zeitpunkt der Analyse interessant ist. Wir haben eine Methode kennengelernt, um aktuelle Trends einfach und schnell zu bestimmen – die Performance-Matrix (Kapitel 1.1). Diese Matrix unterteilt die vier Bestandteile eines Trends (Aufwärtstrend, Korrektur, Abwärtstrend und Erholung) und kann grafisch dargestellt werden. Neben der Trendbestimmung spielt auch die Relative Stärke eine große Rolle in unserem Auswahlprozess. Sie hilft uns dabei, identifizierte Trends in Beziehung zueinander zu setzen und den Auswahlprozess zu verbessern. Deshalb haben wir uns in Kapitel 1.2 mit Ratio-Charts und in Kapitel 1.3 mit Relativen Liniencharts auseinandergesetzt. Im Auswahlprozess spielt natürlich auch der Beziehungszusammenhang zwischen Aktien, Anleihen oder Rohstoffen eine wichtige Rolle. Daher haben wir uns in Kapitel 1.4 auch mit der Intermarket- sowie Korrelationsanalyse beschäftigt.

In Kapitel 2 haben wir uns mit den wichtigsten vier Aktienkategorien beschäftigt, in denen wir eine klare Verschiebung des Geldflusses beobachten können. Mit dem Wissen, das wir in Kapitel 1 erlangt haben, können wir bei jeder Veränderung der Marktsituation auf einen Blick erkennen, ob derzeit zyklische oder defensive Anlagen gefragt sind und/oder ob Wachstums- oder Substanzwerte bevorzugt werden. Das Kapitel wird durch ein praktisches Beispiel zum Ausbruch des Ukraine-Kriegs im Jahr 2022 abgerundet. Obwohl die bereits behandelten Themenpunkte eine große Rolle im Auswahlprozess spielen, darf der Einfluss der Volatilität in keiner Anlagestrategie unerwähnt bleiben.

In Kapitel 3 nutzen wir die Analyse von Marktschwankungen, um das Risiko einer Anlage einzuschätzen.

In Kapitel 4 haben wir die nächste wichtige Etappe in unserem Top-down-Ansatz und Auswahlprozess erreicht. Zunächst haben wir in Kapitel 4.1 die verschiedenen Aktienregionen untersucht, um mithilfe von Anwendungsbeispielen die Region mit der vielversprechendsten Rendite zu finden. Anschließend haben wir exemplarisch verschiedene Aktiensektoren aus dem europäischen Stoxx-600-Index genauer betrachtet, um die Sektoren auszuwählen, die eine bessere Performance als der Gesamtmarkt aufweisen. Nach der Sektorenauswahl sind wir schließlich in Kapitel 4.3 zu einer bedeutenden Entscheidung im Auswahlprozess gelangt. Mithilfe praktischer Beispiele haben wir passende Einzelaktien identifiziert. Das Ergebnis der ersten Hälfte des Buchs sind Einzelwerte, die bereits einen deutlichen Vorteil bieten. Sie übertreffen sowohl ihren jeweiligen Sektor als auch den Gesamtmarkt und qualifizieren sich daher für unsere Watchlist im Auswahlprozess.

Im zweiten Teil des Buchs werden Sie Werkzeuge kennenlernen, die Ihnen dabei helfen können, die Anlagen auf der Watchlist zu bewerten. Diese Werkzeuge basieren auf unserer langjährigen Erfahrung und praktischen Nutzung sowie Anpassungen. Unser Ziel ist es, weitere Bestätigungen zu erhalten, um letztendlich diese Anlage auch in das Depot aufzunehmen. Da wir zu einem bestimmten Zeitpunkt im Jahr eine Entscheidung treffen müssen, ist es sinnvoll, sich mit der Analyse von Preismustern zu beschäftigen. Dadurch können wir auch berücksichtigen, ob es zum Zeitpunkt der Entscheidung ein auffälliges Muster gibt oder ob ein späterer Zeitpunkt möglicherweise besser ist.

Daher widmen wir uns im folgenden Kapitel 5 der Frage, ob die von uns ausgewählten Anlagen auffällige wiederkehrende Preismuster aufweisen. Wir untersuchen, zu welchen Zeitpunkten diese Muster auftreten und wie sie identifiziert werden können. Zudem betrachten wir, worauf dabei geachtet werden muss und welche Grenzen sich bei der Nutzung dieser Analysewerkzeuge ergeben.

Abschnitt II

KAPITEL 5

Saisonalitätsanalyse

Es ranken sich unter Praktikern, aber auch unter Wissenschaftlern viele Mythen um das Thema Saisonalität. Insbesondere saisonale Muster an der Börse sind ein Thema für sich. Sind regelmäßig wiederkehrende Muster ein rein zufälliges Phänomen oder können diese durch bestimmtes Marktverhalten erklärt werden? Fakt ist, an den Märkten sind regelmäßige sich wiederholende Muster zu erkennen, die bei der Mitberücksichtigung im Entscheidungsansatz einen erheblichen Vorteil mit sich bringen können.

5.1 Saisonalität und saisonale Charts

Um saisonale Verläufe am besten zu verstehen, werden saisonale Charts verwendet. Im Gegensatz zu herkömmlichen Diagrammen zeigen saisonale Charts nicht einfach die Kursentwicklung über einen bestimmten Zeitraum. Stattdessen stellen sie den typischen Verlauf zu einer bestimmten Jahreszeit oder über das gesamte Jahr hinweg als Durchschnitt dar. Wenn der Kurs im Durchschnitt zu einer bestimmten Jahreszeit steigt, wird dies im Chart durch einen aufsteigenden Verlauf dargestellt. Auf der horizontalen Achse ist die Zeit im Jahr abgebildet, während auf der vertikalen Achse die preisbezogenen Informationen mit 100 als Ausgangspunkt indexiert sind.

Konstruktion eines saisonalen Charts

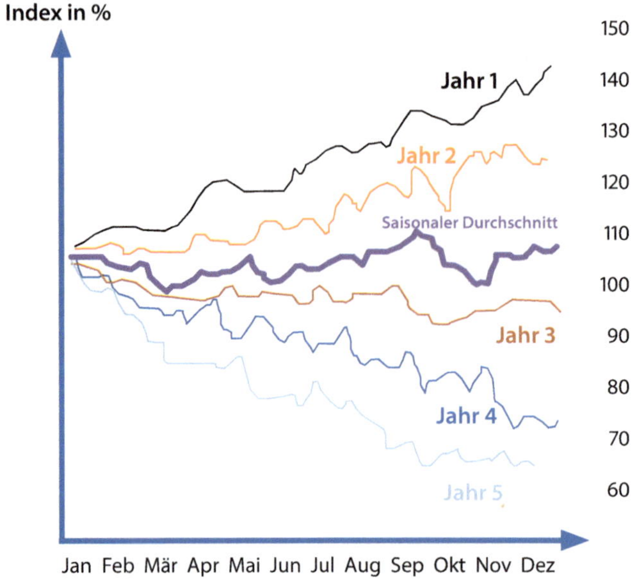

Abbildung 41: Veranschaulichung der Konstruktion eines saisonalen Charts, Quelle: eigene Darstellung

Ein erfahrener Anwender kann mithilfe einer Tabellenkalkulation auch selbst einen groben saisonalen Chart erstellen, der für eine erste Einschätzung der saisonalen Tendenz ausreicht. In diesem Buch und bei unseren regelmäßigen Analysen nutzen wir die Internetseite seasonax.com, auf der vorgefertigte Saisonalitätscharts betrachtet und einfach durchgescannt werden können.

5.2 Ursachen und Gründe für Saisonalität

Verschiedene Märkte und Sektoren zeigen saisonale Tendenzen. Einige dieser saisonalen Verläufe lassen sich offensichtlich auf fundamentale Ursachen zurückführen, während andere eher zufällig entstehen. Die bekanntesten saisonalen Einflüsse sind Ernteperioden, Zinsrückzahlungen, Wetterbedingungen, die Stimmung der Investoren zu bestimmten Jahreszeiten, Deadlines zur Steuerbilanzierung, jährliche oder vierteljährliche Finanzberichte sowie klassische Muster an den Anlagemärkten wie die traditionelle

Kurssteigerung zum Jahresende, auch als Jahresendrally bekannt. Um geeignete Einzelaktien zu finden und das ganze Jahr über investieren zu können, ist es notwendig, umfassende historische Daten jeder einzelnen Aktie zu untersuchen, um die saisonalen Muster präzise identifizieren und bewerten zu können und somit eine Auswahl treffen zu können.

5.3 Rohstoffe: Startpunkt der Saisonalität

Sie sind alle mit saisonalem Obst und Gemüse sowie den damit verbundenen Preisschwankungen im Laufe des Jahres vertraut. Wenn wir die Saisonalität historisch und wirtschaftlich einordnen, müssen wir mit der Anlageklasse der Rohstoffe beginnen, vornehmlich mit Agrarrohstoffen. Bei Agrarprodukten lassen sich seit jeher wiederkehrende saisonale Muster erkennen, da sie in hohem Maße vom Wetter und den Jahreszeiten sowie von externen Einflüssen abhängig sind.

Basierend auf der Entwicklung der Kaffeepreise möchten wir jetzt eine erste saisonale Analyse durchführen, um festzustellen, in welchem Zeitraum des Jahres eine deutliche Tendenz erkennbar ist. Kaffee wird hauptsächlich in subtropischen Klimazonen angebaut. Die Kaffeebohnen sind die Samen der Frucht des Kaffeebaums und reagieren äußerst empfindlich auf veränderte Wetterbedingungen, speziell Kälte und Frost. Es gibt hauptsächlich zwei Arten von Kaffee: Arabica und Robusta. Arabica-Kaffee macht den Großteil der weltweiten Produktion aus und wird vor allem in den tropischen Hochländern der westlichen Hemisphäre angebaut. Die größten Kaffeeproduzenten sind Brasilien, Vietnam und Kolumbien, während die Europäische Union und die Vereinigten Staaten von Amerika die größten Verbrauchs- und Importmärkte weltweit darstellen.

Abbildung 42 zeigt den durchschnittlichen Preisverlauf von Kaffee über das Jahr anhand des Terminkontrakts für Kaffee (KC), der an der NYMEX gehandelt wird. Wir haben die Daten der letzten 25 Jahre analysiert und dabei ein deutlich erkennbares wiederkehrendes Muster zwischen Mai und August eines Jahres festgestellt. In diesen Zeitraum fällt auch die Kaffee-Ernte in Brasilien. Im Mai, kurz vor der Ernte, erreicht der Kaffeepreis seinen Höchststand, da Marktteilnehmer eine Preisprämie als Absicherung gegen mögliche Frostschäden aufbauen. Danach sinken die Preise während der Sommermonate und erreichen im August ihren Tiefpunkt, da die Kaffeeröstereien ihre Lagerbestände vor den verbrauchsintensiven Monaten im Herbst und Winter aufstocken.

Beispiel für Saisonalität in Agrarmärkten: Kaffeepreise

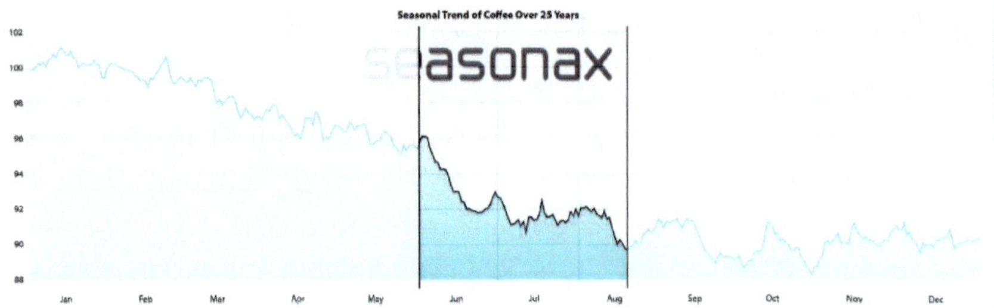

Abbildung 42: Kaffeepreis-Saisonalität, 01.01.1999 – 01.01.2024, Quelle: seasonax.com

Neben den saisonalen Mustern in Agrarrohstoffen können wir auch saisonale Muster in anderen Rohstoffen wie beispielsweise Edelmetallen (Gold, Silber, Platin) sowie Industriemetallen (Kupfer, Eisen, Aluminium) identifizieren und nutzen. Überdies gibt es natürlich auch saisonale Muster in verschiedenen Aktienmärkten, wodurch sich saisonale Muster in Aktien aus unterschiedlichen Regionen und Sektoren zu verschiedenen Zeiten im Jahr ergeben.

5.4 Aktienmärkte und Saisonalität: Jahresendrally

Auch an den Aktienmärkten lassen sich historisch regelmäßige und vorhersehbare Muster erkennen. Unternehmen, die die saisonalen Schwankungen ihrer Geschäfte kennen, können ihre Lagerbestände, den Personalbedarf und andere Entscheidungen präzise prognostizieren und zeitlich so abstimmen, dass sie mit der erwarteten Saisonalität der damit verbundenen Geschäftsaktivitäten übereinstimmen. Dadurch können Kosten gesenkt und Einnahmen gesteigert werden.

Ein sehr klassisches und bekanntes saisonales Muster an den Aktienmärkten ist die sogenannte Jahresendrally. Das Ende eines jeden Kalenderjahres scheint historisch eindeutige starke Kursanstiegstendenzen aufzuweisen, die verschiedene Gründe haben können.

In Abbildung 43 betrachten wir den breit gefassten US-Aktienindex S&P 500. Dieser Index umfasst die Aktien von 500 der größten börsennotierten US-amerikanischen Unternehmen. Es ist deutlich erkennbar, dass der Aktienindex im Zeitraum vom 1. Januar 1928 bis zum 1. Januar 2024 durchschnittlich eine signifikant positive Tendenz zum Jahresende aufweist. Von Oktober bis Dezember steigen tendenziell die Aktien im S&P 500 an. In den letzten 96 Jahren stieg der S&P 500 in 68 von 96 Fällen zwischen Oktober und Dezember an. Das spricht eindeutig für die saisonale Tendenz am Ende des Jahres. Dieses Phänomen kann auch in anderen Aktienmärkten wie beispielsweise dem deutschen Leitindex DAX 40 beobachtet werden.

Beispiel für Saisonalität an den Aktienmärkten: S&P 500

Abbildung 43: Saisonalität im S&P 500, 01.01.1928 – 01.01.2024, Quelle: seasonax.com

5.5 Historische Datengrundlage für saisonale Analysen

Bei der Analyse der Saisonalität von Kaffee haben wir als Datenbasis zur Identifizierung saisonaler Kursmuster die letzten 25 Jahre betrachtet. Beim S&P 500 haben wir dagegen die vergangenen 96 Jahre analysiert. Die Auswahl des Zeitraums ist entscheidend für die Betrachtung von saisonalen Mustern. Die Anzahl der Jahre, die als Grundlage dienen sollen, hängt von verschiedenen Faktoren ab. In der Regel reichen 15 bis 25 Jahre aus, um saisonale Trends zu identifizieren und zu analysieren. Dieser Zeitraum bietet genügend Daten, um konsistente Muster zu erkennen, und berücksichtigt gleichzeitig kurzfristige Einflussfaktoren. Es ist wichtig, dass der gewählte Zeitraum repräsentativ für den Markt und die Anlage ist. Zu kurze Zeiträume können zu verzerrten Ergebnissen führen, während zu lange Zeiträume möglicherweise nicht mehr relevant sind, da sich die Marktbedingungen ändern können. In Abbildung 44 haben wir erneut die saisonale Analyse des S&P 500 in den letzten 25 Jahren betrachtet und auch hier das gleiche Ergebnis wie bei den 96 Jahren festgestellt: Die Jahresendrally zieht sich über ein Jahrhundert hinweg und bestätigt die Stärke des saisonalen Musters.

Saisonalitätschart zum S&P 500 mit Datengrundlage von 25 Jahren

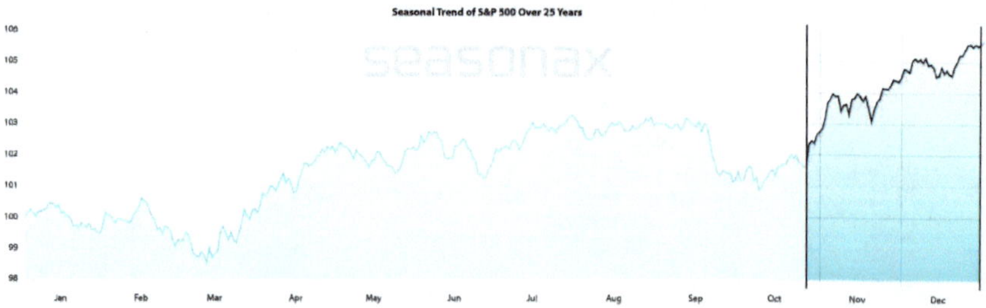

Abbildung 44: Saisonalität im S&P 500, 01.01.1999 – 01.01.2024, Quelle: seasonax.com

5.6 Vorgehen bei der Identifizierung von saisonalen Mustern

Die Frage, ob die beobachtete auffällige Tendenz auch statistisch signifikant ist und ob wir dieses saisonale Muster in unseren Entscheidungsprozess einbeziehen sollten, werden wir im Folgenden genauer untersuchen.

Identifizierung eines saisonalen Musters

Wir betrachten zunächst den typischen saisonalen Verlauf einer Aktie anhand eines saisonalen Charts. Wie bereits in Abschnitt 5.6 beschrieben, interessieren wir uns normalerweise für einen saisonalen Chart mit einer Datenbasis von 15 bis 25 Jahren. Zunächst suchen wir mit bloßem Auge nach auffälligen positiven oder negativen Trends im saisonalen Chart. In unserem Beispiel in Abbildung 45 haben wir uns die Aktie eines der größten Versicherer der Welt ausgesucht, nämlich die Allianz SE. Es fällt auf, dass in dem dargestellten saisonalen Chart der Allianz SE die Aktie in den letzten 25 Jahren einen deutlichen Anstieg am Ende des Jahres zeigt, genauer gesagt im Zeitraum vom 25. Oktober bis zum 7. Dezember.

Saisonaler Chart – Allianz SE

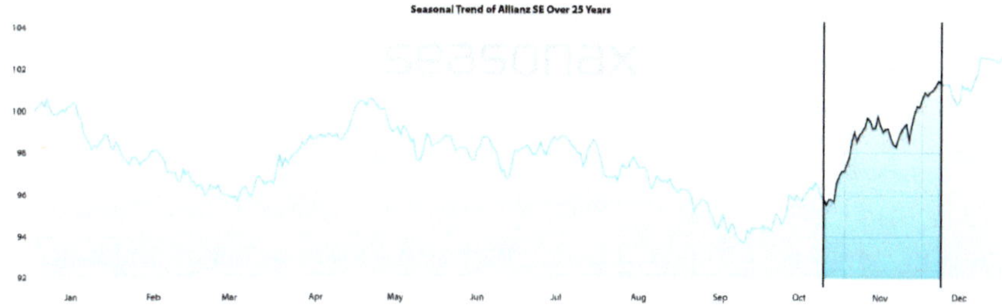

Abbildung 45: Saisonaler Chart Allianz SE, 01.01.1999 – 01.01.2024, Quelle: seasonax.com

Nachdem wir die offensichtlichen wiederkehrenden Aufwärts- und Abwärtsphasen identifiziert haben, untersuchen wir diese genauer. Das bedeutet, dass wir uns die statistischen Kennzahlen anschauen, um zu überprüfen, ob es sich tatsächlich um ein starkes und aussagekräftiges saisonales Muster handelt. Dazu sollten Anleger auf wichtige Kennzahlen aus der deskriptiven Statistik zurückgreifen, um das saisonale Muster richtig zu interpretieren und erfolgreich nutzen zu können. Es ist wichtig, dass man das saisonale Muster anhand relevanter statistischer Kennzahlen analysiert, um die Stärke, Chancen und Risiken des Musters zu verstehen und darauf basierend Entscheidungen treffen zu können. Im Folgenden werden wir anhand einer ausgewählten Aktie beispielhaft die Stärke des Musters analysieren und erläutern, auf welche Kennzahlen man besonders achten sollte.

5.7 Statistische Kennzahlen für die Analyse von saisonalen Mustern

Wir sind auf der Suche nach deutlichen und aussagekräftigen saisonalen Mustern. Dabei ist es wichtig zu wissen, wie man mithilfe statistischer Auswertungen solche Muster identifizieren kann. Bei der Analyse der saisonalen Muster sollten folgende Kennzahlen berücksichtigt werden. Zusätzlich zu der in Abschnitt 5.2 erklärten Datenbasis kommen noch die folgenden Kennzahlen hinzu:

- Trefferquote
- Durchschnittliche Kursentwicklung
- Standardabweichung
- Durchschnittlicher Gewinn und Verlust
- Maximaler Gewinn und Verlust
- Kurzfristige Vergangenheit

Nachdem wir in Abbildung 45 den deutlichen Aufwärtstrend am Ende des Jahres visuell erkannt haben, widmen wir uns jetzt der statistischen Auswertung, um das saisonale Muster genauer zu untersuchen. Abbildung 46 fasst alle oben genannten statistischen Kennzahlen zusammen, die wichtig sind, um ein saisonales Muster zu bewerten. Als Beispiel führen wir die Analyse anhand der Aktie der Allianz SE durch.

Beispiel: Allianz SE – Statistische Auswertung

Allianz SE

25 Okt - 07 Dez

Trefferquote:	**76,00%**
↑ 19	↓ 6
Rendite	
Durchschnitt	σ
6,57%	8,51%
Ø-Gewinn	Ø-Verlust
9,71%	-2,78%
Max. Gewinn	Max. Verlust
42,20%	-4,49%

letzte 5 Jahre

2023	9,99%		
2022	14,82%	**2021**	3,65%
2020	22,56%	**2019**	-2,51%

Abbildung 46: Statistische Auswertung, Allianz SE, Quelle: seasonax.com

Im Folgenden werden wir Schritt für Schritt alle Kennzahlen erklären und zeigen, wie sie interpretiert werden können. Dadurch erhalten wir Aufschluss darüber, ob es sich um ein starkes oder eher zweifelhaftes saisonales Muster handelt.

Trefferquote:

Die Trefferquote beschreibt das prozentuale Verhältnis zwischen positiven und negativen Kursentwicklungen im saisonalen Zeitraum. Sie sollte mindestens 60 % betragen. Es ist jedoch wichtig zu beachten, dass eine hohe Trefferquote allein nicht zwangsläufig zum Erfolg führt. Unter den statistischen Kennzahlen hat die Trefferquote die geringste Aussagekraft. In unserem Beispiel lag die Trefferquote der vergangenen 25 Jahre für die Allianz-Aktie im Zeitraum vom 25. Oktober bis 7. Dezember bei 76 %. In 19 von 25 Jahren stieg die Aktie in diesem Zeitraum an.

Trefferquote – Saisonales Muster Allianz SE

Trefferquote:	76,00%
↑	↓
19	6

Abbildung 47: Trefferquote, Allianz SE, Quelle: seasonax.com

Durchschnittliche Kursentwicklung und Standardabweichung:

Durchschnitt und Standardabweichung – Saisonales Muster Allianz SE

Rendite	
Durchschnitt	σ
6,57%	8,51%

Abbildung 48: Durchschnitt und Standardabweichung, Allianz SE, Quelle: seasonax.com

Viel wichtiger als die Trefferquote sind die durchschnittliche Rendite und Standardabweichung im beobachteten Zeitraum. Die durchschnittliche Kursentwicklung wird bestimmt, indem für den gesamten Betrachtungszeitraum in einem ausgewählten Zeitraum pro Jahr die kumulierte Kursentwicklung berechnet und ins Verhältnis zum Betrachtungszeitraum gesetzt wird. Wenn eine positive Durchschnittsrendite vorliegt, deutet dies auf einen Aufwärtstrend im Zeitraum hin. Liegt eine negative Durchschnittsrendite vor, ist von einer Abwärtstendenz auszugehen. Dies kann auch der Fall sein, obwohl die Trefferquote positiv war. Bei der Interpretation der Durchschnittsrendite sollten auch „Ausreißer" beachtet werden. Übertrieben positive oder negative Jahre wie zur die Coronakrise, Finanzkrise oder Kriege können die Durchschnittsrendite verzerren und das Bild verfälschen. Die Durchschnittsrendite sollte jedoch nicht isoliert betrachtet werden.

Die Standardabweichung bzw. die Schwankungsintensität sollten stets berücksichtigt werden. Im Kapitel 3 (Volatilität) haben wir bereits das Thema der Schwankungsintensität an den Aktienmärkten allgemein behandelt. Die Standardabweichung, abgekürzt mit dem griechischen Buchstaben σ, ist das statistische Maß für die Schwankungsintensität einer Datenreihe um ihren Durchschnitt bzw. Mittelwert. Vereinfacht ausgedrückt gibt die Standardabweichung die durchschnittliche Abweichung aller beobachtbaren Werte einer Datenreihe vom Durchschnitt wieder. Eine hohe Standardabweichung steht für eine große Schwankungsintensität, eine geringe Standardabweichung für eine geringe Abweichung um den gemessenen Mittelwert.

Im folgenden Beispiel sehen wir, dass die durchschnittliche Rendite für die Allianz SE im beobachteten saisonalen Zeitraum bei 6,57 % liegt, mit einer Standardabweichung σ von 8,51 %. Das bedeutet konkret, dass die Aktie der Allianz SE im Betrachtungszeitraum vom 25. Oktober bis zum 7. Dezember in den letzten 25 Jahren um durchschnittlich 8,51 % schwankt. Dies entspricht einem Bereich von -1,94 % bis +15,08 %. Die nachfolgende Abbildung verdeutlicht die Standardabweichung anhand der genannten Zahlen.

Die Standardabweichung des saisonalen Musters ist auch später wichtig für das Risiko- und Money-Management (Positionsgröße, Stopp bzw. Exit) sowie für die Einordnung der persönlichen Risikobereitschaft. Risikoaverse Anleger neigen eher zu weniger schwankungsintensiven saisonalen Mustern, während risikofreudige Anleger eher bereit sind, schwankungsintensivere saisonale Muster in ihr Depot aufzunehmen. Es ist klar, dass eine höhere Standardabweichung oft mit einer höheren durchschnittlichen

Rendite einhergehen kann und umgekehrt. Die Standardabweichung hilft auch bei der Auswahl zwischen zwei Aktien, die im selben Zeitraum ein auffällig starkes saisonales Muster aufweisen und dieselbe Trefferquote sowie Durchschnittsrendite haben. Hier ist es natürlich sinnvoller, die Aktie mit einer geringeren Standardabweichung auszuwählen, da man für die gleiche Rendite weniger Schwankungen ertragen muss.

Durchschnittlicher Gewinn versus durchschnittlicher Verlust:

Die Gegenüberstellung des durchschnittlichen Gewinns und Verlusts ist eine wichtige Kennzahl, die wir berücksichtigen sollten. Die durchschnittlichen Gewinne sollten immer größer sein als die durchschnittlichen Verluste, um die Stärke des Kaufmusters zu bestätigen. Wenn jedoch die durchschnittlichen Verluste überwiegen, deutet dies eher auf eine fallende Tendenz im Zeitraum hin und könnte sogar zu einer zweifelhaften Saisonalität führen, die mit bloßem Auge erkennbar ist. In unserem Beispiel zeigt die Allianz-Aktie einen deutlich höheren durchschnittlichen Gewinn als Verlust. In den letzten 25 Jahren erzielte die Aktie in dem Zeitraum vom 25. Oktober bis zum 7. Dezember einen durchschnittlichen Gewinn von 9,71 %. In den Jahren, in denen das Muster nicht zutraf, gab es einen durchschnittlichen Verlust von -2,78 %.

Durchschnittlicher Gewinn und Verlust – Allianz SE

Ø-Gewinn	Ø-Verlust
9,71%	-2,78%

Abbildung 49: Durchschnittlicher Gewinn und Verlust, Allianz SE, 01.01.1999 – 01.01.2024, Quelle: seasonax.com

Maximale Gewinne und Verluste

Eine weitere wichtige Kennzahl für saisonale Untersuchungen beinhaltet den Vergleich der maximalen Gewinne und Verluste der untersuchten saisonalen Periode. Dabei sollten die maximalen Gewinne immer größer sein als die maximalen Verluste. In Abbildung 51 sind die maximalen Gewinne und Verluste der Allianz-Aktie in den letzten 25 Jahren für den Zeitraum vom 25. Oktober bis zum 7. Dezember dargestellt. Der höchste Gewinn, den die Aktie in diesem saisonalen Zeitraum erzielte, lag bei 42,20 % im Jahr 2008, während der höchste Verlust -4,49 % im Jahr 2007 betrug. Die durchschnittlichen Gewinne sind fast zehnmal höher als die durchschnittlichen Verluste, was auf eine deutliche positive Tendenz der Aktie in diesem saisonalen Zeitraum hinweist.

Maximale Gewinne und Verluste – Allianz SE

Max. Gewinn	Max. Verlust
42,20%	-4,49%

Abbildung 50: Maximaler Gewinn und Verlust, Allianz SE, 01.01.1999 – 01.01.2024, Quelle: seasonax.com

Kurzfristige Vergangenheit

Schließlich ist es wichtig zu beachten, dass Saisonalität einem Wandel unterworfen sein kann. Daher ist es vorteilhaft, möglichst viele Jahre in die Berechnung einzubeziehen, wie bereits in Abschnitt 5.6 erwähnt, mindestens jedoch 15 oder 25 Jahre zu betrachten. Es ist auch ratsam, im kurzfristigen Rückblick zu überprüfen, ob sich das saisonale Muster möglicherweise in den letzten fünf oder zehn Jahren wesentlich verändert hat. Dafür betrachten wir auch immer die Entwicklung des saisonalen Musters der vergangenen fünf Jahre. Die letzten fünf Jahre sollten auch eine gewisse Konsistenz aufweisen und überwiegend dem betrachteten saisonalen Muster entsprechen. In unserem Beispiel sehen wir dies bei der Allianz SE, bei der das saisonale Muster vier Jahre in Folge aufgetreten ist.

Saisonales Muster in jüngster Vergangenheit – Allianz SE

letzte 5 Jahre			
2023	9,99%		
2022	14,82%	2021	3,65%
2020	22,56%	2019	-2,51%

Abbildung 51 Saisonales Muster letzten 5 Jahre, Allianz SE, 01.01.1999 – 01.01.2024, Quelle: seasonax.com

Wir haben festgestellt, dass es nicht ausreicht, ein saisonales Muster nur mit bloßem Auge zu erkennen. Durch die Einbeziehung wichtiger statistischer Kennzahlen erhält man ein besseres Bild des saisonalen Musters und stärkt oder schwächt die Entscheidung im Auswahlprozess entsprechend. Das vorgestellte Beispiel der Allianz SE zeigt eine deutliche saisonale Ausgangsphase im untersuchten Zeitraum und könnte allein aufgrund saisonaler Faktoren eine interessante Investitionsmöglichkeit darstellen.

5.8 Saisonalität und Korrelation am Beispiel von Kaffee und Starbucks

In Kapitel 1.9 haben wir bereits das Thema Korrelationsanalyse allgemein behandelt. Die Korrelationsanalyse zielt darauf ab, den Zusammenhang zwischen zwei Variablen aufzudecken. Sowohl Korrelation als auch Saisonalität können gemeinsam betrachtet werden. Anleger und Analysten verfolgen die Bewegungen der Kaffeepreise genau, da diese ein wichtiger Indikator für die zukünftige Rentabilität von Kaffeeunternehmen sein können. Ein Verständnis der saisonalen Schwankungen der Kaffeepreise und ihrer Auswirkungen auf Aktien wie beispielsweise Starbucks kann Anlegern helfen, bessere Entscheidungen zu treffen. Daher haben wir uns in Kapitel 5.3 auch mit dem saisonalen Muster bei Kaffeepreisen beschäftigt. Es liegt nahe, dass wir uns auch die Frage stellen, ob es einen Zusammenhang zwischen Kaffeepreisen und Aktienkursen von Kaffeehäusern und -händlern wie zum Beispiel Starbucks gibt. Tatsächlich lässt sich eine leichte inverse Korrelation zwischen den Kaffeepreisen und dem Aktienkurs von Starbucks erkennen.

Abbildung 53 zeigt in einem Diagramm die Kursentwicklung der Kaffeepreise (blauer Verlauf) und der Starbucks-Aktie (roter Verlauf) der letzten zehn Jahre. Es ist eine leichte, umgekehrte Korrelation zwischen den Kaffeepreisen und dem Aktienkurs von Starbucks erkennbar. Wenn also die Preise für Kaffee-Futures (Arabica) fallen, kann man einen leichten Anstieg oder eine Verbesserung des Aktienkurses von Starbucks beobachten. Wenn jedoch die Preise für Kaffee-Futures steigen, bedeutet das traditionell höhere Geschäftskosten für Unternehmen wie Starbucks. Dies könnte dazu führen, dass der Aktienkurs von Starbucks unter Druck gerät. Diese umgekehrte Beziehung wird noch deutlicher in einem Tageschart, das die starke inverse Korrelation zwischen dem Aktienkurs von Starbucks und dem Preis von Arabica-Kaffee-Futures zeigt. Wenn also die Kaffeepreise niedrig sind, neigt der Aktienkurs von Starbucks dazu anzusteigen. Steigen jedoch die Kaffeepreise, sinken auch die Einnahmen von Starbucks. Es besteht zwar eine gewisse Form der inversen Korrelation zwischen Kaffee-Futures und dem Aktienkurs von Starbucks, aber sie ist nicht stark genug, um daraus allein Anlageentscheidungen abzuleiten. Wir nutzen diese milde Korrelation, um sie auch während starker saisonaler Phasen zu berücksichtigen, aber nicht als alleiniges Merkmal zur Entscheidungsfindung.

Tageschart: Kaffee-Futures vs. Starbucks

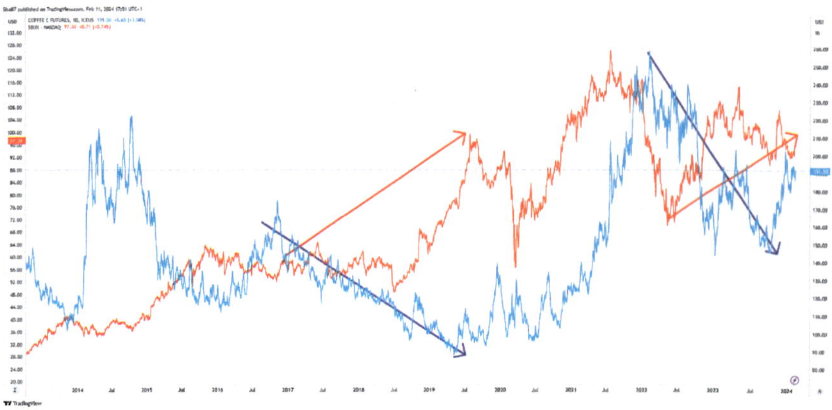

Abbildung 52: Tageschart, Kaffee-Future vs. Starbucks, 01.01.2014 – 01.01.2024, Quelle: tradingview.com

In Kapitel 5.3 haben wir festgestellt, dass der Kaffeepreis während der Erntephase in Brasilien (Mai bis August) tendenziell saisonal fällt. Allerdings zeigt ein Blick auf den saisonalen Chart von Starbucks, dass die Aktie zwischen Mai und Juni in den letzten 25 Jahren eine entgegengesetzte saisonale Tendenz aufweist. Dies bestätigt auch die zeitweise negative Korrelation zu den Kaffeepreisen im Sommer.

Saisonaler Chart – Starbucks

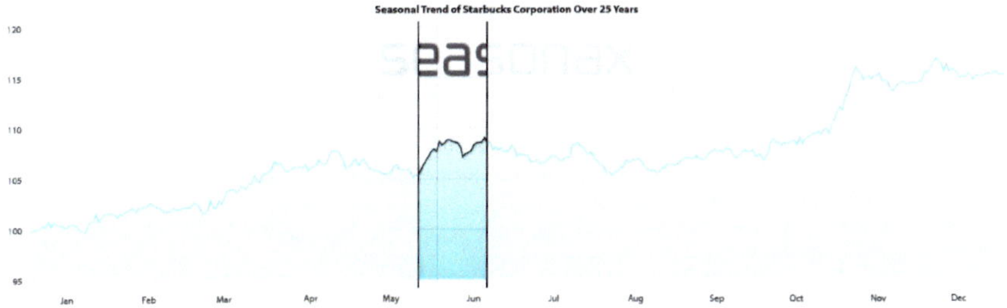

Abbildung 53: Saisonaler Chart Starbucks, 01.01.1999 – 01.01.2024, Quelle: seasonax.com

5.9 Grenzen der Saisonalität

Die saisonale Analyse liefert wertvolle Informationen, sollte jedoch in Verbindung mit anderen Methoden wie fundamentalen und technischen Analyseansätzen genutzt werden. Anleger machen oft den Fehler, sich ausschließlich auf saisonale Analysen zu verlassen, weil sie einfach erscheinen und man die Tendenz mit bloßem Auge erkennen kann. Es ist wichtig zu verstehen, dass saisonale Muster in der Vergangenheit auch zufällige Ereignisse sein können, die keine echten Neigungen im Marktverhalten widerspiegeln. Außerdem ist Saisonalität nur einer von vielen Faktoren, die die Märkte beeinflussen. Selbst wenn es echte saisonale Verläufe gibt, können diese durch fundamentale und technische Faktoren überlagert werden. Angesichts dieser Anmerkungen sollten die Charts und Beispiele in diesem Kapitel lediglich als ein Input für eine umfassendere Analyse betrachtet werden und nicht als alleinige Grundlage für Anlageentscheidungen dienen. Saisonalität ist eine Option, aber kein Muss! Saisonale Muster können zwar Einblicke bieten, sollten aber nicht die alleinige Grundlage für Anlageentscheidungen sein. Eine ausgewogene Anlagestrategie, die saisonale Trends sowie andere wichtige Marktindikatoren berücksichtigt – wie wir es in diesem Buch tun –, ist entscheidend für langfristigen Erfolg. Zudem haben jüngste globale Ereignisse wie politische Veränderungen oder Wirtschaftskrisen gezeigt, dass sie starke Auswirkungen auf saisonale Muster haben können. Dies unterstreicht die Bedeutung eines flexiblen und gut informierten Entscheidungsansatzes.

KAPITEL 6

Konsensus der Analysten und Kursziele

Fundamentalanalysten sind für die Aktienanalyse unerlässlich, da sie durch intensive Recherche und fundierte Methoden Aktien und Unternehmen bewerten und ihre professionellen Einschätzungen in Form von Kauf-, Halte- oder Verkaufsempfehlungen veröffentlichen. Der Analystenkonsensus, häufig in Finanzberichten und auf Börseninformationsplattformen vorzufinden, bietet ein aggregiertes Bild dieser unterschiedlichen Meinungen und spiegelt die kollektive Einschätzung bezüglich der Zukunftsaussichten eines Unternehmens wider.

6.1 Bedeutung des Analystenkonsensus

Der Konsensus von Analysten erlangt besonders dann Bedeutung, wenn Investoren ein fundiertes Bild eines Unternehmens erlangen möchten – ohne sich selbst tiefgehend in die fundamentale Analyse zu vertiefen. Eine solche Analyse umfasst eine detaillierte Überprüfung von Umsatzentwicklung, Gewinnmargen, Schuldenlast, Managementqualität und Wettbewerbsposition. Solch ein Prozess ist zeitintensiv und setzt umfassendes Branchenwissen sowie die Fähigkeit zur Interpretation von Finanzberichten und Geschäftsmodellen voraus.

Die Verwendung des Analystenkonsenses als vorläufige Informationsquelle birgt zahlreiche Vorteile:

- **Zeiteffizienz:** Es ermöglicht Investoren, schnell ein Gefühl für das Unternehmen zu bekommen, indem sie auf die konsolidierten Einschätzungen verschiedener Experten zurückgreifen.

- **Expertise:** Analysten bringen spezialisiertes Wissen und umfangreiche Erfahrung mit und ihre Bewertungen basieren auf gründlicher Recherche.
- **Marktsentiment:** Der Konsens liefert Aufschlüsse über die allgemeine Marktstimmung zu einem Unternehmen, was wiederum wichtige Hinweise für die Richtung der Aktienkurse bieten kann.
- **Risikominimierung:** Sich auf die kompetenten Analysen und Bewertungen von Fachleuten zu stützen, kann das Risiko von Fehlinvestitionen mindern.
- **Benchmarking:** Der Analystenkonsens dient als Vergleichsgrundlage für eigene Einschätzungen und kann als Indikator dienen, eigene Annahmen noch einmal zu überdenken.

6.2 Entscheidungsfaktoren in unserem Investmentansatz

Für unseren speziellen Ansatz stützen wir uns hauptsächlich auf drei Schlüsselelemente des Analystenkonsenses: das durchschnittliche Kursziel, den aktuellen prozentualen Abstand von diesem Kursziel sowie die mehrheitliche Empfehlung der Analysten.

Durchschnittliches Kursziel:

Es stellt einen zentralen Indikator innerhalb des Analystenkonsenses dar und repräsentiert den Mittelwert der verschiedenen von Analysten festgelegten Preisziele für die Aktie eines Unternehmens innerhalb eines bestimmten Zeitraums. Diese Kursziele basieren üblicherweise auf fundierten Fundamentalanalysen der Unternehmensleistung, zukünftigen Gewinnaussichten und anderen marktrelevanten Ereignissen. Das durchschnittliche Kursziel gibt somit an, wo die Analysten gemeinschaftlich den Wert der Aktie in der Zukunft sehen, und dient als Benchmark für aktuelle und potenzielle Investoren.

Prozentualer Abstand vom Kursziel:

Der aktuelle prozentuale Abstand vom Kursziel ist ein Maß dafür, wie weit der aktuelle Aktienkurs vom durchschnittlichen Kursziel entfernt ist. Wenn beispielsweise das Kursziel für eine Aktie bei 100 Euro liegt und der aktuelle Aktienkurs 90 Euro beträgt, wäre der Aktienkurs 10 % unter dem Kursziel. Dieser Prozentwert ist für Investoren wichtig, da er eine Einschätzung dazu liefert, ob Analysten die Aktie momentan als unter- oder überbewertet ansehen und wie groß das potenzielle Kurssteigerungs- oder -senkungspotenzial eingeschätzt wird.

Mehrheitliche Empfehlung:

Zuletzt ist die mehrheitliche Empfehlung der Analysten ein wesentlicher Faktor. Analystenkonsens beinhaltet oft auch eine allgemeine Empfehlung, die sich aus den individuellen Bewertungen der Analysten ergibt – üblicherweise eingeteilt in „Kaufen-Buy", „Halten-Hold" oder „Verkaufen-Sell". Eine mehrheitliche „Kaufen"-Empfehlung kann auf eine positive Marktstimmung und das Potenzial für Kurssteigerungen hinweisen, während eine „Verkaufen"-Empfehlung mögliche Bedenken oder erwartete Herausforderungen für das Unternehmen signalisieren könnte. Auch Herabstufungen von „Kaufen" auf „Halten" sollten im Blick behalten werden. Sie können als versteckte Verkaufsempfehlungen gesehen werden.

6.3 Beispiel – Analystenkonsensus für Allianz SE

Analystenkonsensus – Allianz SE

Allianz SE	Analystenkonsensus - Fundamental						Tendenz
	Kurs	BUY	HOLD	SELL	Ø-Kursziel	%-Abstand	
	243	17	3	1	266,56	9,70%	

Abbildung 54: Analystenkonsensus Allianz SE (Stand: 01.02.2024), Quelle: Refinitiv

Betrachten wir weiterhin die Allianz-Aktie, die wir bereits in Kapitel 5 zur Veranschaulichung der saisonalen Analyse verwendet haben. Im Februar 2024 zeigt der Konsens der Analysten einheitlich ein positives Bild. Eine deutliche Mehrheit der befragten Analysten empfiehlt den Kauf der

Aktie. Das durchschnittliche Kursziel beträgt 266,56 Euro. Bei einem aktuellen Aktienkurs (Stand: 01.02.2024) von 243,00 Euro liegt die Aktie noch etwa 10 % unter dem Kursziel und hat daher aus Sicht des Konsenses noch Aufwärtspotenzial.

6.4 Grenzen und Zusammenfassung

In der Summe ermöglichen diese Faktoren eine schnelle und vergleichsweise einfache Einschätzung der allgemeinen Analystenmeinung sowie der Markterwartungen an ein Unternehmen. Sie helfen uns, einen Rahmen für Investitionsentscheidungen zu etablieren, der auf dem kollektiven Fachwissen von Marktbeobachtern basiert, ohne dass wir in die Tiefe jeder individuellen Analyse eintauchen müssen. Gleichzeitig wird durch den Einbezug dieser Kriterien eine diversifizierte und robuste Entscheidungsgrundlage geschaffen, die die Möglichkeit von Extrempositionen eines einzelnen Analysten abmildert.

Obwohl der Analystenkonsens eine vielschichtige Informationsquelle darstellt und zur Verbesserung von Investitionsentscheidungen beitragen kann, ist er nicht ohne Einschränkungen. Analysten können Fehler machen, Prognosen können durch unvorhergesehene Ereignisse überholt werden, und Interessenkonflikte können die Objektivität beeinträchtigen. Deshalb sollte der Konsens nie als alleiniges Entscheidungsinstrument gesehen werden, sondern als ein Element einer breiteren, diversifizierten Strategie, die auch andere Informationsquellen und Analysemethoden einschließt.

Zusammenfassend bietet der Analystenkonsens Anlegern die Möglichkeit, ihre fundamentalen Kenntnisse über ein Unternehmen zu erweitern und Zusammenfassungen der Expertenmeinungen zu nutzen. Investoren sollten den Konsens regelmäßig überprüfen, die verschiedenen Quellen und deren Methoden miteinander vergleichen und in Zusammenhang mit ihren Anlagestrategien und dem dynamischen Marktumfeld bewerten, um letztendlich gut informierte Anlageentscheidungen zu treffen.

KAPITEL 7

Technische Analyse

Lassen Sie uns vorwegnehmen, dass ein ganzheitliches Abdecken sämtlicher Aspekte der technischen Analyse den Rahmen dieses Werkes bei Weitem sprengen würde. Stattdessen werden wir uns auf ausgesuchte und bewährte Methoden konzentrieren, die in unserer Investmentstrategie von entscheidender Bedeutung sind und Ihnen als Leser den größten Nutzen bieten sollen.

Anleger geraten oftmals ins Taumeln, wenn es darum geht, aus der Masse an verfügbaren technischen Indikatoren die passenden auszuwählen. Das Zitat „Man sieht den Wald vor lauter Bäumen nicht" illustriert dieses Dilemma treffend. Anstelle eine Flut von Indikatoren in unsere Charts einzubinden, setzen wir auf gezielte Diversifikation. Wir bedienen uns dabei aus vier Indikatorklassen: Oszillatoren, Volatilitäts-, Trendfolge- sowie Volumenindikatoren. Dieses Buch präsentiert aus jedem Bereich ein Beispiel, doch das Wichtigste ist die geschickte Kombination dieser Tools, um eine fundierte Marktinterpretation zu erlangen.

Gleiches Prinzip wenden wir bei der Auswahl der Chartformationen an. Unser Augenmerk liegt auf einer bewussten Selektion von Formationen, die Trendfortsetzungs- oder Trendumkehrungen verraten. Diese gezielte Beschränkung ist von Nutzen, um präzise herauszufiltern, ob ein Trend vorliegt und in welchem Stadium er sich möglicherweise befindet. In diesem Kapitel werden wir direkt auf ausgewählte Indikatoren und Formationen eingehen, wofür ein gewisses Vorwissen in der technischen Analyse vorausgesetzt wird. Es gibt zahlreiche gute Literaturquellen zu den Grundlagen dieses Themas.

7.1 Ausgewählte technische Indikatoren

Was bringt es mir, wenn ich zum Beispiel fünf Trendfolgeindikatoren verwende, aber der Markt seitwärts verläuft und sich in keinem Trend befindet? Daher sollte der Anleger bei der Auswahl der technischen Indikatoren darauf achten, dass die vier Kategorien abgedeckt werden. In diesem Abschnitt stellen wir für jede Kategorie einen Indikator vor, den wir auch in der Praxis nutzen. Das bedeutet jedoch nicht, dass andere Indikatoren aus diesen Kategorien vernachlässigt werden sollten oder weniger effektiv sind.

7.1.1 Oszillator: Relative-Stärke-Index (RSI)

Der Relative-Stärke-Index (RSI) ist ein Momentum-Oszillator, der von J. Welles Wilder entwickelt wurde und in seinem Buch „New Concepts in Technical Trading Systems" im Jahr 1978 vorgestellt wurde. Der RSI misst die Geschwindigkeit und Veränderung von Preisbewegungen und wird oft genutzt, um überkaufte oder überverkaufte Situationen auf einem Aktien-, Währungs-, Rohstoff- oder anderen Finanzmarkt zu identifizieren. Der Indikator fluktuiert typischerweise zwischen 0 und 100 und wird häufig mit der Standardeinstellung von 14 Perioden verwendet.

Interpretation des RSI:

- **Überkaufte Situation:** Ein RSI über 70 deutet darauf hin, dass die Aktie möglicherweise überkauft ist und eine Preiskorrektur stattfinden könnte.
- **Überverkaufte Situation:** Ein RSI unter 30 deutet darauf hin, dass eine Aktie überverkauft sein und sich eine Trendumkehr anbahnen könnte, wobei die Preise steigen könnten.

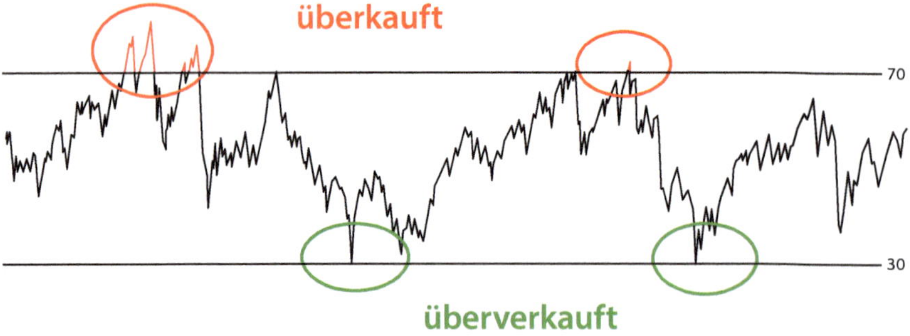

Abbildung 55: Überkaufte und überverkaufte Zonen im RSI, Quelle: eigene Darstellung

Divergenzen zwischen Preis und RSI

Wenn der Preis einer Aktie neue Höchst- oder Tiefststände erreicht und der RSI diese Bewegung nicht mit neuen Höchst- oder Tiefstständen bestätigt, wird dies als Divergenz interpretiert, die darauf hindeuten könnte, dass sich der aktuelle Trend abschwächt.

In den folgenden Abbildungen wird die Divergenz an einem praktischen Beispiel verdeutlicht. Als Beispiel haben wir die Aktie der Freenet AG ausgewählt. Im 4-Stunden-Chart ist zu erkennen, dass die Aktie zeitweise neue Höchst- oder Tiefststände erreicht hat, während der RSI diese Bewegungen nicht bestätigt hat. Zwischen Juni 2023 und Juli 2023 hat die Aktie tendenziell niedrigere Tiefs gebildet, während der RSI in diesem Zeitraum tendenziell höhere Hochs aufwies. Dies wird als bärische Divergenz bezeichnet und kann ein Warnsignal für eine mögliche Beschleunigung des Abwärtstrends sein, was sich später im Chart bestätigt hat. Im September 2023 konnten wir eine bullische Divergenz beobachten. Die Aktie von Freenet bildete neue höhere Hochs, während der RSI neue tiefere Tiefs aufwies, was auf eine mögliche Fortsetzung des Aufwärtstrends hindeutete, was anschließend auch der Fall war.

Freenet AG – Divergenz zwischen Preis und RSI

Abbildung 56: Freenet AG, RSI-Divergenz, Quelle: ProRealTime Chartsoftware

Modifikation des RSI:

Neben den Standardwerten von überkauften (70) und überverkauften (30) Zuständen passen einige Charttechniker diese Schwellen an, um ihre spezifischen Handelsstrategien besser abzustimmen. So gibt es Ansätze, bei denen der typische Referenzbereich für den RSI angepasst wird, um Marktbesonderheiten oder persönliche Präferenzen besser zu reflektieren.

Zum Beispiel haben wir den Relative-Stärke-Index (RSI) für unsere Analysezwecke modifiziert, indem wir eine unkonventionelle Grenze von 48,5 festgelegt haben. Wenn der RSI über dieser Grenze liegt, interpretieren wir dies als Signal dafür, dass sich die Aktie in einem bullischen Bereich befindet. Liegt der RSI hingegen unter 48,5, wird dies als Hinweis auf einen bärischen Zustand angesehen. Vor allem den Übergängen über oder unter die Schwelle von 48,5 messen wir eine hohe Bedeutung bei, da von diesen Punkten aus oft neue Auf- bzw. Abwärtstrends entstehen können.

Zusätzlich weichen wir von der Standardeinstellung von 14 ab und nutzen grundsätzlich beim RSI die Einstellung 34 Perioden. Die längere Zeitspanne könnte dabei helfen, das „Rauschen" in den Preisbewegungen zu glätten, und könnte potenziell weniger, dafür aber signifikantere Signale liefern.

In Abbildung 58 wird der Wochenchart des US-Technologieindex Nasdaq 100 dargestellt, ergänzt durch den RSI mit einer angepassten Periodeneinstellung von 34 Wochen. Zudem wurde eine kritische Grenze von 48,5 als rote horizontale Linie markiert. Die Analyse zeigt, dass der Index tendenziell in einem Aufwärtstrend verlief, sobald der RSI diese Schwelle überschritt, und sich eher in einem Abwärtstrend befand, wenn der RSI unter diese Linie fiel. Mithilfe dieser Methode konnten drei Haupttrendphasen identifiziert werden – zwei Aufwärts- und ein Abwärtstrend – und die Signale konnten effektiver gefiltert werden, als wenn lediglich auf überkaufte bzw. überverkaufte Zonen geachtet worden wäre. Wie im Chart zu erkennen ist, erreichte der RSI im Zeitraum zwischen Mai 2021 und Mai 2022 mehrmals den Standardwert für überkaufte Situationen von 70, doch anstatt zu fallen, bildete der Nasdaq 100 höhere Hochs und Tiefs – ein deutlicher Beleg für einen intakten Aufwärtstrend.

Nasdaq 100 mit modifiziertem RSI

Abbildung 57: Nasdaq 100 mit modifiziertem RSI, Quelle: ProRealTime Chartsoftware

7.1.2 Volatilitätsindikator: Keltner-Kanal

Der Keltner-Kanal ist ein technischer Indikator, der zur Bestimmung von Trendrichtungen und Volatilität in einem Chart verwendet wird. Er wurde in den 1960er Jahren von einem Getreidehändler namens Chester W. Keltner vorgestellt und später durch die Arbeiten von Linda Bradford Raschke in den 1980er Jahren weiterentwickelt und populär gemacht.

Der Keltner-Kanal besteht aus drei Linien:

- Die Mittellinie (Mittelmäßige Bewegung): Dabei handelt es sich um einen exponentiellen gleitenden Durchschnitt (EMA), der üblicherweise über 20 Perioden eingestellt wird.
- Der obere Kanal: Dieser wird bestimmt, indem ein Vielfaches des Average True Range (ATR) – ein Maß für die Marktvolatilität – zum EMA addiert wird.
- Der untere Kanal: Hier wird das Vielfache des ATR vom EMA subtrahiert.

Zusammen bilden diese drei Linien einen Kanal, der die Preisbewegungen des gehandelten Assets umgibt.

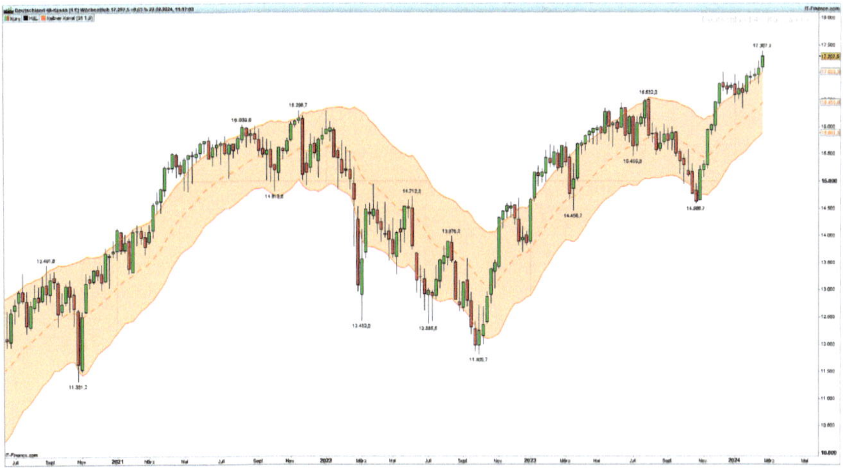

Abbildung 58: DAX mit Keltner-Kanal, Quelle: ProRealTime Chartsoftware

Interpretation:

Der Keltner-Kanal bietet Anlegern ein visuelles Instrument, um sowohl die Richtung als auch die Dynamik eines Markttrends zu erfassen. Wenn wir feststellen, dass sich der Kurs einer Aktie beharrlich in der Nähe des oberen Kanalbandes bewegt oder dieses sogar berührt, kann diese Beobachtung als Indiz für einen aufwärtsgerichteten Trend gewertet werden. Dies impliziert, dass Käufer die Kontrolle haben und der Druck nach oben anhält. Auf der anderen Seite wird ein Preisverlauf, der sich um das untere Kanalband gruppiert oder es streift, häufig als Zeichen für einen abwärtsgerichteten

Trend interpretiert, bei dem Verkäufer am Ruder sind und der Kurs wahrscheinlich weiter sinken wird.

Ein weiterer wichtiger Aspekt bei der Nutzung des Keltner-Kanals ist die Einschätzung der Marktvolatilität. Ein Ausweiten des Kanals geht üblicherweise mit einer gestiegenen Volatilität einher, was auf umkämpfte Marktbedingungen oder auf signifikante Nachrichtenereignisse hinweisen kann. Im Gegenzug deutet eine Verengung des Kanals auf eine niedrigere Volatilität und potenziell ruhigere Marktverhältnisse hin.

Darüber hinaus dienen die Grenzen des Keltner-Kanals auch als potenzielle Handelssignale. Ein Aufwärtsdurchbruch durch das obere Kanalband kann als Kaufmöglichkeit angesehen werden, da es das fortgesetzte Interesse der Käufer und eine mögliche Fortsetzung des Aufwärtstrends anzeigt. Ein Unterqueren des unteren Bandes wird hingegen oft als ein Verkaufssignal betrachtet, da es die Möglichkeit eines beständigen Abwärtstrends und einer Verstärkung des Verkaufsdrucks suggeriert. Wie bei allen Handelssignalen sollten diese Hinweise im Kontext weiterer Marktanalysen und Indikatoren bewertet werden, um das Risiko von Fehlinterpretationen zu minimieren.

Keltner-Kanal: Beispiel für Kauf- und Verkaufssignal

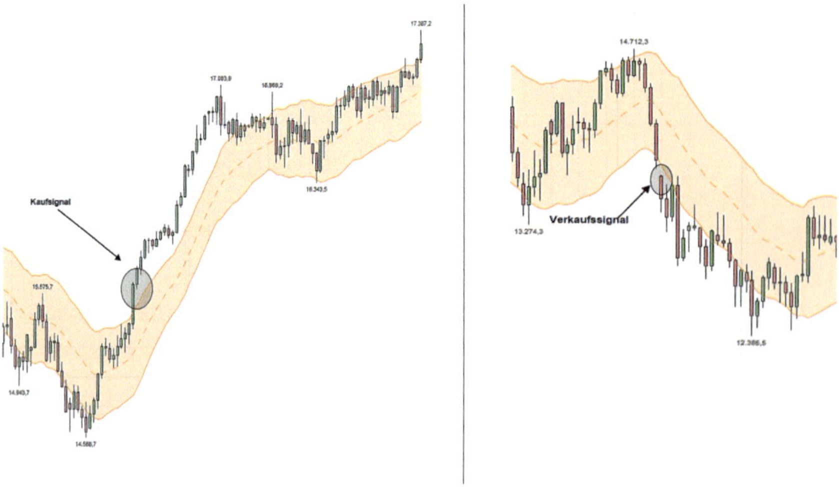

Abbildung 59: Keltner-Kanal: Beispiel für Kauf- und Verkaufssignal, Quelle: ProRealTime Chartsoftware

Wie bei allen technischen Indikatoren ist es ratsam, Keltner-Kanäle in Verbindung mit anderen Analysetools zu verwenden, um ihre Effektivität zu steigern und Fehlsignale zu reduzieren. Die Einstellungen für den Keltner-Kanal können je nach den spezifischen Anforderungen und den Charakteristika des gehandelten Marktes angepasst werden, einschließlich des EMA-Zeitraums und des Vielfachen des ATR, das bei der Berechnung der oberen und unteren Kanäle verwendet wird.

7.1.3 Trendfolgeindikator: Gleitende Durchschnitte

Gleitende Durchschnitte sind grundlegende Werkzeuge der technischen Analyse, die dazu dienen, Marktdaten zu glätten und den zugrunde liegenden Trend an den Aktienmärkten aufzuzeigen. Unter den verschiedenen Arten von gleitenden Durchschnitten bevorzugen wir insbesondere exponentielle gleitende Durchschnitte (EMA) für unsere technische Analyse. Der exponentielle gleitende Durchschnitt gewichtet die neuesten Kursdaten stärker als ältere und reagiert somit schneller auf Preisveränderungen. Dies macht EMAs zu einem guten Werkzeug für Anleger, die auf der Suche nach einer zeitnahen Trendbestätigung sind. Bei der Verwendung von gleitenden Durchschnitten nutzen wir nicht die Standardeinstellungen, sondern Zahlen aus der Fibonacci-Folge wie 13, 21, 34, 55 usw.

Bestätigung des Trends durch Pullbacks

Bei der Anwendung von EMAs legen wir Wert auf das Konzept des Pullbacks. Die Trendbestätigung erfolgt bei einem Pullback-Long, wenn der Kurs über dem EMA liegt und daraufhin eine Rückkehr zum gleitenden Durchschnitt vollführt. Anschließend erwarten wir eine „bestätigende" Bewegung weg vom EMA nach oben, die ein starkes Signal für die Fortsetzung des Aufwärtstrends und damit eine Gelegenheit für einen Einstieg bietet. Diese Bestätigung durch den erneuten Impuls ist wesentlich, weil sie darauf hindeutet, dass der Trend trotz der zeitweiligen Korrektur intakt bleibt und sich die Bullen erneut durchsetzen.

Pullback-Long – Apple Inc.

Abbildung 60: Pullback-Long im Aufwärtstrend bei Apple, Quelle: ProRealTime Chartsoftware

Das spiegelbildliche Konzept, Pullback-Short, findet Anwendung, wenn Sie feststellen, dass der Kurs unter dem EMA liegt. Ein Pullback zum EMA gefolgt von einem abwärts gerichteten Impuls kann ein starkes Verkaufssignal darstellen und Hinweise darauf liefern, dass der Abwärtstrend wahrscheinlich anhalten wird. In diesem Fall könnten Sie eine Short-Position in Erwägung ziehen, um von dem absteigenden Trend zu profitieren.

Pullback-Short – Vonovia AG

Abbildung 61: Pullback-Short im Abwärtstrend bei Vonovia, Quelle: ProRealTime Chartsoftware

Der Vorteil unserer Methode liegt in der Kombination des exponentiell gleitenden Durchschnitts, der rasch auf Preisänderungen reagiert, mit dem Pullback-Ansatz, der eine zusätzliche Bestätigung des Trends bietet. Diese Strategie ermöglicht es uns, mit größerer Sicherheit zu handeln, und stellt sicher, dass wir nicht allein auf das erste Signal zum Einstieg in den Markt reagieren. Stattdessen warten wir auf eine Bewegung, die unsere Sicht auf den Trend bestätigt, wodurch das Risiko von Fehlsignalen verringert werden kann.

7.1.4 Volumenindikator: On Balance Volume (OBV)

Grundsätzlich wird des Öfteren von Privatanlegern das Handelsvolumen vernachlässigt. Dennoch besitzt es zu Recht eine große Bedeutung in der technischen Analyse. Das Handelsvolumen ist eine wichtige Kennzahl in der technischen Analyse. Sie lässt Rückschlüsse auf die Positionierung der Marktteilnehmer und über die Bildung bzw. Umkehr von Trendverläufen zu. Es existieren zahlreiche Volumenindikatoren vom klassischen Volumen an sich bis hin zu sogenannten Volumenprofilen. Wir befassen uns hier allerdings exemplarisch mit dem „On Balance Volume"-Indikator.

Beim OBV handelt es sich um einen einfachen und sehr interessanten Indikator. Nicht zuletzt deshalb, weil seine grundlegenden Aussagen weniger auf Basis von Kursveränderungen, sondern von Veränderungen im Volumen getroffen werden. Dies unterscheidet den Indikator von der breiten Masse klassischer Indikatoren. An Charme gewinnt das OBV zudem durch seine Logik, dass das Kapital in der Regel mit dem Trend fließen sollte. Der Indikator wurde von Joseph Granville in den 1960er Jahren entwickelt und beruht auf der Theorie, dass Volumenveränderungen den Preisänderungen vorausgehen.

Interpretation des Handelsvolumens (OBV)

Das *On Balance Volume* ist in seiner Interpretation sehr intuitiv. Liegt beispielsweise ein Aufwärtstrend vor, sollte der Aufwärtsschub durch entsprechendes Handelsvolumen bestätigt werden. An starken Handelstagen sollte dementsprechend auch das Volumen stark sein und umgekehrt sollte an schwachen Handelstagen das Handelsvolumen eher verhalten sein.

Folgende Abbildung zeigt beispielhaft, wie der Aufwärtstrend in der Apple-Aktie im Zeitraum Januar 2023 bis August 2024 auch durch ein entsprechend steigendes Handelsvolumen bestätigt wurde.

Apple Inc. mit steigendem Preis und OBV

Abbildung 62: Apple Inc. Preis und Volumen, Quelle: ProRealTime Chartsoftware

Divergenzen zwischen Preis und Volumen

Divergenzen zwischen dem OBV und dem Preis können als Bestätigung oder Warnsignal für Trendfortsetzungen oder mögliche Trendumkehrungen betrachtet werden. Kommt es in einer Aktie zu neuen Kurshochs, die jedoch nicht mehr durch neue Hochs im Handelsvolumen (OBV) gestützt werden, spricht man von einer bärischen Divergenz. Von einer bullischen Divergenz ist die Rede, wenn neue Kurstiefs nicht mit neuen Tiefs im Handelsvolumen einhergehen. Die Stärke der Divergenz nimmt dabei mit der Zeitdauer dieser zu. Zeitlich kürzere Divergenzen sind, so die klassische Interpretation des OBVs, weniger aussagekräftig als zeitlich länger ausgebildete.

Folgende Abbildung zeigt beispielhaft anhand der Apple-Aktie, wie die Divergenz zwischen Preis und Volumen aussehen kann. Zwischen April 2023 und Mai 2023 entwickelte die Aktie eine solche Divergenz. Die Aktie bildete typisch für einen intakten Aufwärtstrend höhere Hochs und Tiefs. Wohingegen das OBV in diesem Zeitraum tiefere Hochs und Tiefs bildete.

Apple Inc. – Divergenz zwischen Preis und OBV

Abbildung 63: Apple Inc. Divergenz zwischen Preis und OBV, Quelle: ProRealTime Chartsoftware

Das OBV besitzt aber auch Schwächen und sollte daher nicht allein als Entscheidungsgrundlage verwendet werden. Das *On Balance Volumen* reagiert verzögert auf starke Veränderungen im Volumen. War das Handelsvolumen in der Vergangenheit hoch und sinkt in der Folge, so kann die Entwicklung des OBV gedämpft werden und es wird schwieriger, Richtungsänderungen des Indikators zu erkennen oder gar einzuschätzen. Steigt das Handelsvolumen plötzlich an, so verändert sich das OBV auch bei nur wenig veränderten Preisen stark. Es gibt heute komplexere Handelsvolumen-Preisindikatoren, die Volatilität berücksichtigen und diese Schwäche teilweise entsprechend kompensieren können.

7.1.5 Indikatoren im Zusammenspiel

Im vorherigen Abschnitt haben wir uns eingehend mit den unterschiedlichen Kategorien der technischen Indikatoren beschäftigt. Für jede Gruppe – Oszillatoren, Volatilitätsindikatoren, Trendfolgeindikatoren und Volumenindikatoren – wurde jeweils ein repräsentatives Beispiel ausgewählt und mithilfe praktischer Beispiele veranschaulicht. Jeder dieser Indikatoren kann für sich genommen bereits wertvolle Einsichten in das

Marktgeschehen liefern. Allerdings ist es die Kombination dieser Instrumente, die eine umfassende Analysefähigkeit gewährleistet.

In der nun folgenden praktischen Anwendung wollen wir das konzertierte Zusammenspiel dieser vier Indikatoren entfalten. Dabei wird ersichtlich, wie die Integration unterschiedlicher Signalgeber das Chartbild schärft und es uns ermöglicht, bestehende Markttrends mit größerer Klarheit zu erfassen. Speziell werden wir beleuchten, wie manche Indikatoren mit ihrer Signalgebung vorauseilen, während andere verzögert reagieren und damit ein differenziertes Timing in der Markteinschätzung ermöglichen. Diese Erkenntnis betont einmal mehr, wie entscheidend die gezielte Auswahl komplementärer Indikatoren für die Erstellung eines stimmigen und aussagekräftigen technischen Ansatzes ist.

Nasdaq 100 – Indikatoren im Zusammenspiel

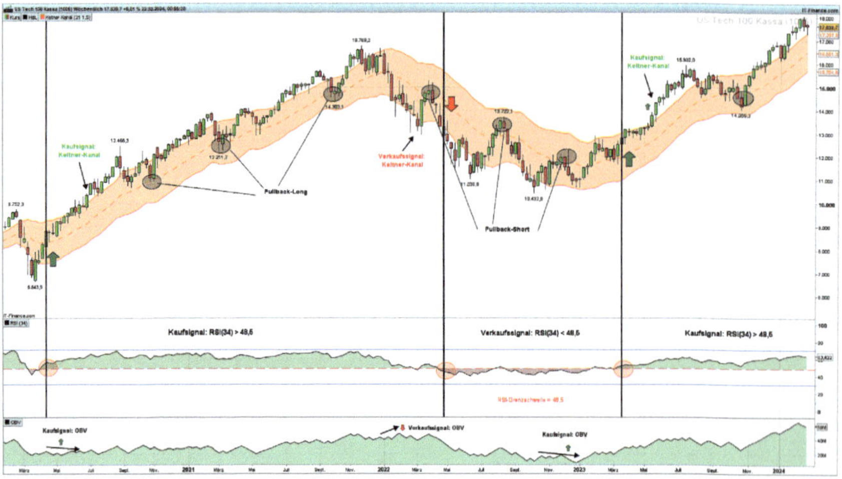

Abbildung 64: Nasdaq 100, Indikatoren im Zusammenspiel, Quelle: ProRealTime Chartsoftware

Der Chart zeigt die Kursentwicklung des Nasdaq 100 auf Wochenbasis für den Zeitraum April 2020 bis Februar 2024. Dieser Wochenchart wurde bereits im Abschnitt „Modifikation des RSI zur Verdeutlichung der RSI-Grenzschwelle“ verwendet. Nun haben wir den Chart um die anderen drei vorgestellten Indikatoren erweitert.

Unterhalb des Kursverlaufs sind der RSI mit einer Periodeneinstellung von 34 und der OBV-Indikator dargestellt. Das orangefarbene Band um den Kurs stellt den Keltner-Kanal dar, mit einer Standardabweichung von 1,5 und einer Mittellinie, die dem exponentiellen gleitenden Durchschnitt von 21 Wochen entspricht und gleichzeitig unseren Trendfolgeindikator repräsentiert.

Im April 2020 gaben der RSI und der OBV-Indikator im Nasdaq 100 das Startsignal. Bei einem Indexstand von 8.200 Punkten überwand der RSI die Grenzschwelle von 48,5 nach oben und löste damit das erste Kaufsignal aus. Kurz darauf baute sich die Divergenz im OBV weiter aus: Während der Kurs höhere Hochs bildete, generierte der OBV-Indikator tiefere Tiefs – ein Zeichen für eine Divergenz.

Im Juni bei rund 10.340 Punkten folgte das dritte Bestätigungsmerkmal in Form eines Kaufsignals durch den Keltner-Kanal. Der Kurs brach nach oben aus dem Band aus, was auf eine Fortsetzung des Trends hindeutet. Der Aufwärtstrend wurde zudem durch Pullbacks-Long (Oktober 2020, März 2021, Oktober 2021) am EMA-21 (Mittellinie des Keltner-Kanals) bestärkt. Jede Rückkehr zum 21-Wochen-EMA löste neue Kaufimpulse aus und bestätigte den Trend.

Nachdem das Verlaufshoch bei 16.769 Punkten im Dezember 2021 erreicht wurde, zeigten sich erste Anzeichen für einen Abwärtstrend: Der Index bildete tiefere Hochs und tiefere Tiefs, während der OBV-Indikator genau entgegengesetzt reagierte. Zusätzlich fiel der Kurs unterhalb des EMA-21 und konnte bei der Rückkehr-Bewegung nicht über diesen Durchschnitt steigen. Dadurch wurde im März 2022 das erste von zwei folgenden Pullback-Short-Signalen ausgelöst (August 2022 und November 2022), was als zweites Verkaufssignal interpretiert werden kann. Im Mai 2022 erfolgte dann direkt das nächste Verkaufssignal durch den nachhaltigen Fall des RSI unterhalb der Grenzschwelle von 48,5. Der Nasdaq 100 fiel daraufhin auf ein Tief im Oktober 2022 bei 10.432 Punkten.

Mit dem Beginn der bereits im Kapitel „Saisonalität" erwähnten Jahresendrally kamen auch die ersten technischen Kaufsignale: Der OBV-Indikator entwickelte bis Dezember eine Divergenz zum Kursverlauf und lieferte somit einen ersten Hinweis auf eine mögliche Trendumkehr. Eine leichte Erholungstendenz setzte ein, die im März 2023 bei einem Indexstand von rund

13.000 Punkten ein weiteres Kaufsignal generierte: Der RSI konnte nun erstmalig seit zwölf Monaten nachhaltig über der Grenzschwelle von 48,5 tendieren, was auf eine Fortsetzung des Aufwärtstrends hinweist. Im Mai 2023 brach dann der Kurs bei einem Stand von 14.300 Punkten über das Keltner-Band hinaus aus und löste damit ein weiteres Bestätigungssignal aus. Der Nasdaq stieg weiter an und bestätigte seinen Trend im Oktober 2023 mit einem Pullback-Long-Signal bei rund 14.055 Punkten. Ende Februar 2024 erreichte der Nasdaq mit neuen Allzeithochs bei 18.000 Punkten einen weiteren Meilenstein und setzte seinen bisher intakten Trend fort.

7.2 Ausgewählte Chartformationen: Trendfortsetzungsformationen

Wir richten unser Augenmerk auf entscheidende Fortsetzungsformationen sowie auf Trendumkehrmuster. In der technischen Analyse signalisieren Trendfortsetzungsformationen, dass ein zuvor etablierter Trend nach einer Pause wahrscheinlich fortgesetzt wird, wohingegen Trendumkehrformationen die Hinweise auf eine Richtungsänderung geben.

7.2.1 Rechtecke

In der technischen Analyse signalisieren Trendfortsetzungsformationen, dass ein zuvor etablierter Trend nach einer Pause wahrscheinlich fortgesetzt wird. Eine solche Formation, die oft in Preisdiagrammen vorkommt, ist die Rechteckformation. Sie wird so bezeichnet, weil die Preisbewegungen innerhalb paralleler Linien verlaufen, die einem Rechteck ähneln. Diese Formationen treten während einer Konsolidierungsphase auf, in der der Preis zwischen einem klar definierten Unterstützungs- und Widerstandsniveau schwankt.

Bullische Rechteckformation

Die bullische Rechteckformation entsteht in einem Aufwärtstrend und ist ein Hinweis darauf, dass der Aufwärtstrend nach Abschluss der Formation wahrscheinlich fortgesetzt wird. Innerhalb der Rechteckstruktur pendelt der Preis zwischen einem markanten Unterstützungs- und Widerstandsniveau.

Dies deutet darauf hin, dass die Käufer zwar Pausen einlegen, aber immer noch die Kontrolle behalten, da die Tiefs auf einem konsistenten Level bleiben. Wenn der Preis dann die Oberseite des Rechtecks durchbricht, bestätigt dies die Fortsetzung des Aufwärtstrends und kann als ein bullisches Signal interpretiert werden. Oft wird das bullische Rechteck nach dem Ausbruch mit einer Pullback bzw. Rückkehrbewegung bestätigt, ehe es den vorherrschenden Trend fortsetzt.

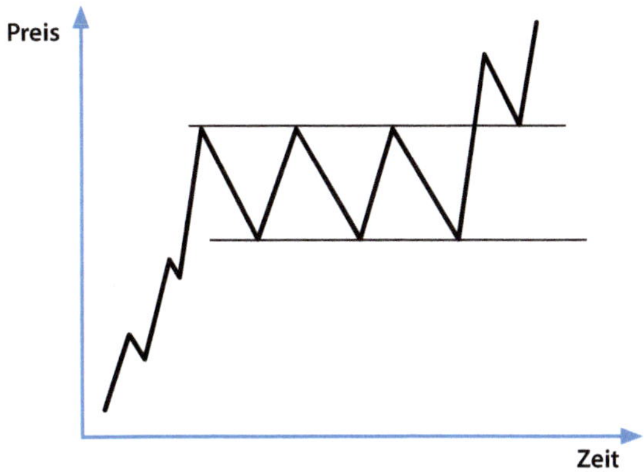

Abbildung 65: Bullische Rechteckformation, Quelle: eigene Darstellung

In der folgenden Abbildung 66 haben wir ein praktisches Beispiel für Illustrationszwecke eingefügt. Unten ist der Tageschart des marktbreiten S&P 500 für den Zeitraum vom 01.01.2023 bis zum 01.09.2023 zu sehen. Der S&P 500 stieg zu Beginn des Jahres 2023 im Februar auf 4.195,41 Punkte an. Anschließend korrigierte der Aktienindex und bildete Mitte März seinen Tiefpunkt bei 3.808,53 Punkten aus. Der neu etablierte Aufwärtstrend formte dann zwischen Anfang April und Ende Mai eine bullische Rechteckformation aus. Der Kurs bewegte sich dabei zwischen 4.187,58 und 4.046,15 Punkten. Ende Mai erfolgte schließlich der Ausbruch an der Oberseite des Rechtecks und löste neue Kaufimpulse aus, die den Aufwärtstrend fortsetzten.

Bullisches Rechteck im S&P 500

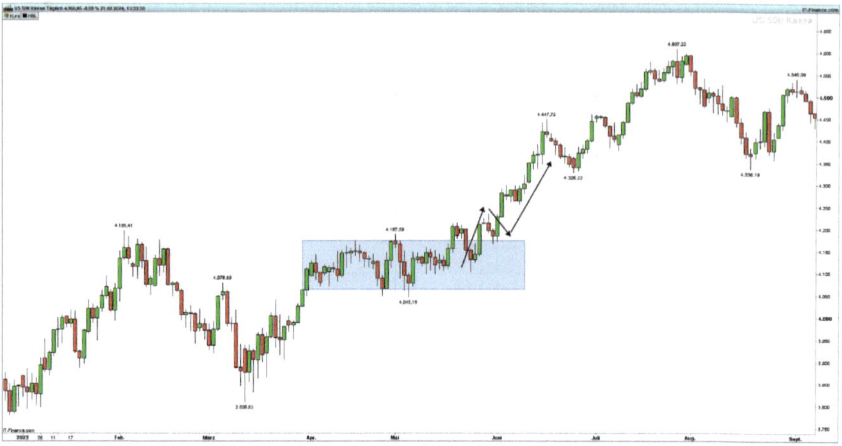

Abbildung 66: Bullisches Rechteck im S&P 500, Quelle: ProRealTime Chartsoftware

Bärische Rechteckformation

Im Gegensatz dazu entsteht die bärische Rechteckformation in einem Abwärtstrend und deutet darauf hin, dass der Abwärtstrend nach der Formation andauern wird. Hier oszilliert der Preis auch zwischen einem Widerstands- und einem Unterstützungsniveau. Die Tatsache, dass die Höchststände konsistent auf einem Niveau liegen, bedeutet, dass die Verkäufer Zeit zum Durchatmen nehmen, aber die Kontrolle nicht aus den Händen geben. Ein Durchbruch unterhalb der Unterseite des Rechtecks signalisiert dann die Fortsetzung des bestehenden Abwärtstrends und gilt als ein bärisches Signal.

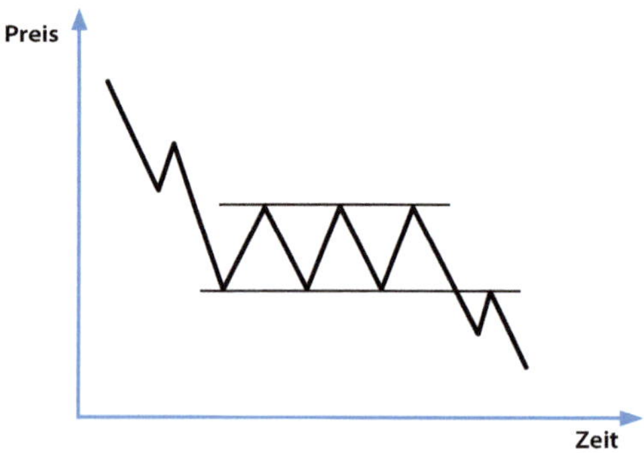

Abbildung 67: Bärische Rechteckformation, Quelle: eigene Darstellung

In der folgenden Abbildung 68 haben wir ein praktisches Beispiel für Illustrationszwecke eingefügt. Unten ist der Wochenchart der Online-Bestell- und Lieferplattform Delivery Hero für den Zeitraum vom 01.10.2018 bis zum 01.02.2024 zu sehen. Die Aktie stieg zu Beginn des Jahres 2019 von 36,94 Euro bis auf 145,40 Euro im Dezember 2021 an. Anschließend bildete sich eine bärische Rechteckformation aus. Der Kurs bewegte sich dabei zwischen 141,95 und 100,05 Euro. Ende Dezember erfolgte schließlich der Ausbruch an der Unterseite des Rechtecks und löste neue starke Verkaufsimpulse aus, die den Abwärtstrend nachhaltig fortsetzten.

Bärisches Rechteck bei Delivery Hero

Abbildung 68: Bärisches Rechteck bei Delivery Hero, Quelle: ProRealTime Chartsoftware

Ermittlung von Mindestkurszielen

Charttechniker nutzen in der Praxis oft Rechteckformationen, um Mindestkursziele zu bestimmen. Das Kursziel gibt dabei an, wie weit sich der Preis nach dem Durchbruch – sei es nach oben oder unten – mindestens bewegen wird. Das theoretische Kursziel wird häufig durch die Höhe des Rechtecks selbst bestimmt.

Für die Ermittlung des Mindestkursziels wird die größte vertikale Ausdehnung des Rechtecks (die Differenz zwischen dem Widerstands- und dem

Unterstützungsniveau) genommen und entweder zum Widerstandsniveau (bei einem bullischen Ausbruch) oder vom Unterstützungsniveau (bei einem bärischen Ausbruch) addiert oder subtrahiert.

Ermittlung von Mindestkurszielen bei Rechtecken

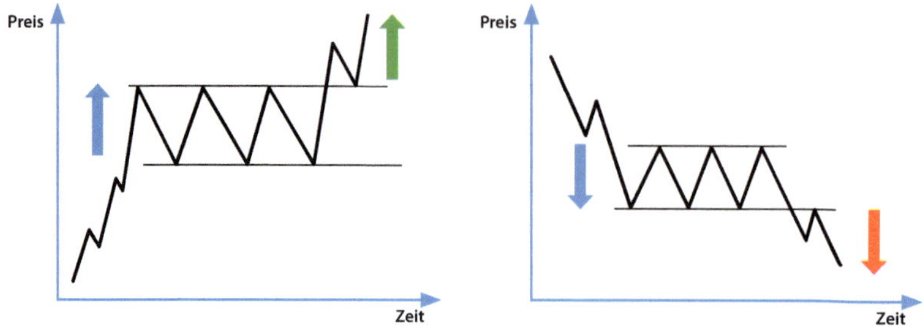

Abbildung 69: Ermittlung von Mindestkurszielen bei bullischem und bärischem Rechteck, Quelle: eigene Darstellung

Dieses Kursziel dient als Indikator für das potenzielle Profitziel, das Anleger bei der Eröffnung einer Position nach dem Ausbruch anvisieren können. Wichtig ist zu beachten, dass die Ermittlung von Mindestkurszielen auf vergangenen Preisbewegungen beruht und keinesfalls eine Garantie für zukünftige Ergebnisse darstellt. Äußere Einflüsse können jederzeit zu veränderten Marktdynamiken führen.

Pullbacks bzw. Retests bei Rechteckformationen

Bei Rechteckformationen spielt der Pullback eine wichtige Rolle in der Bestätigung des Ausbruchs. Nachdem der Preis aus dem Rechteck ausgebrochen ist – ob nach oben in einem bullischen Szenario oder nach unten in einem bärischen Szenario –, kann es vorkommen, dass der Preis zu dem Ausbruchspunkt zurückkehrt. Dieses Verhalten wird als „Pullback" oder „Retest" bezeichnet.

Ein Pullback zum Ausbruchspunkt ermöglicht es dem Anleger, die Stärke des Ausbruchs zu beurteilen. Wenn der Ausbruchspunkt, der nun als neuer Widerstand (im Falle eines bullischen Ausbruchs) oder als neue Unterstützung (im Falle eines bärischen Ausbruchs) fungiert, den Preis abfedert und der Markt sich dann in die ursprüngliche Ausbruchsrichtung bewegt, wird dies oft als Bestätigung des Ausbruchs gesehen. Dies stärkt das Vertrauen, dass eine neue Auf- bzw. Abwärtsbewegung beginnt.

Pullbacks bei Rechteckformationen

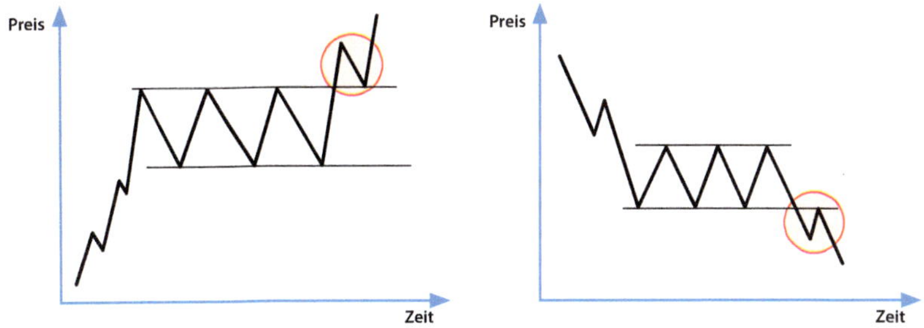

Abbildung 70: Pullbacks bei Rechteckformationen, Quelle: eigene Darstellung

Anleger können diesen Pullback als günstigen Einstiegspunkt nutzen, besonders wenn andere technische Indikatoren den Ausbruch bestätigen. Ein ansteigendes Handelsvolumen während des Pullbacks und der anschließenden Bewegung kann als zusätzliche Bestätigung dienen.

Obwohl Rechtecke relativ zuverlässig und einfach zu erkennen sind, ist es ratsam, auf Bestätigung durch andere technische Indikatoren zu warten oder zusätzliche Analysewerkzeuge einzubeziehen, bevor man Handelsentscheidungen trifft, um die Genauigkeit der Vorhersage zu verbessern.

7.2.2 Dreiecke

Dreiecksformationen sind wichtige Muster in der technischen Analyse, die auf eine Fortsetzung des aktuellen Trends hindeuten können. Innerhalb dieser Kategorie sind aufsteigende und absteigende Dreiecke von besonderer Bedeutung, da sie meist eine bevorstehende Preisbewegung signalisieren.

Aufsteigende Dreieckformation

Das aufsteigende Dreieck ist ein bullisch zu interpretierendes Muster, das während eines Aufwärtstrends erscheint. Es wird geformt, wenn der Preis auf ein festes Widerstandsniveau trifft und dazu tendiert, höhere Tiefs zu bilden. Diese höheren Tiefs deuten darauf hin, dass Käufer bei jedem Rückgang aggressiver werden und näher am Widerstandsniveau kaufen. Das Muster wird vervollständigt, wenn der Preis durch das Widerstandsniveau bricht und sich der Aufwärtstrend fortsetzt.

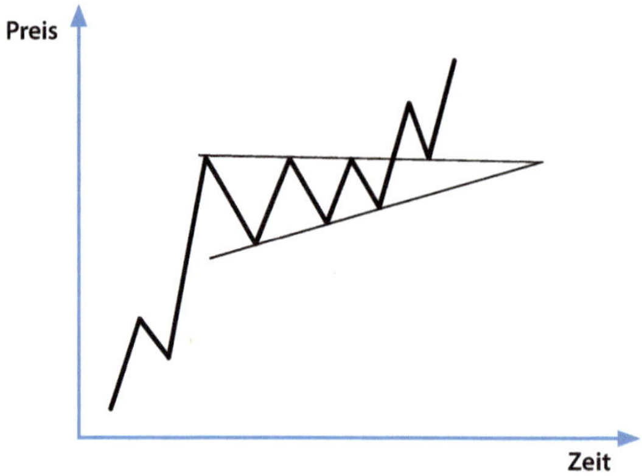

Abbildung 71: Aufsteigendes Dreieck, Quelle: eigene Darstellung

In der folgenden Darstellung 72 wurde ein konkretes Beispiel zur Veranschaulichung eingefügt. Im Wochenchart ist die Aktie des Versicherungskonzerns Allianz für den Zeitraum vom 01.05.2021 bis zum 21.02.2024 zu sehen. Zu Beginn des Jahres 2022 begann ein Abwärtstrend, der im September desselben Jahres seinen Tiefpunkt bei 148,16 Euro erreichte. Danach setzte ein neuer Aufwärtstrend ein, der ab März 2023 ein aufsteigendes Dreieck bildete und somit auf eine mögliche Trendfortsetzung hinwies. Die Aktie zeigte typischerweise höhere Tiefs und ein festes Widerstandsniveau – charakteristisch für ein aufsteigendes Dreieck. Im Oktober 2023 kam es nach einer bestätigenden Pullback-Bewegung schließlich zum endgültigen Ausbruch und der Fortsetzung des Trends.

Allianz SE im aufsteigenden Dreieck

Abbildung 72: Allianz SE im aufsteigenden Dreieck, Quelle: ProRealTime Chartsoftware

Absteigende Dreieckformation

Das absteigende Dreieck ist das Gegenstück zum aufsteigenden Dreieck und wird in der Regel als bärisch angesehen. Dieses Muster entwickelt sich während eines Abwärtstrends und zeichnet sich durch ein festes Unterstützungsniveau und niedrigere Hochs aus. Die niedrigeren Hochs spiegeln das zunehmende Verkaufsinteresse bei jedem Preisanstieg wider. Der Kursbruch unterhalb der Unterstützungslinie vervollständigt die Formation und deutet auf die Fortsetzung des Abwärtstrends hin.

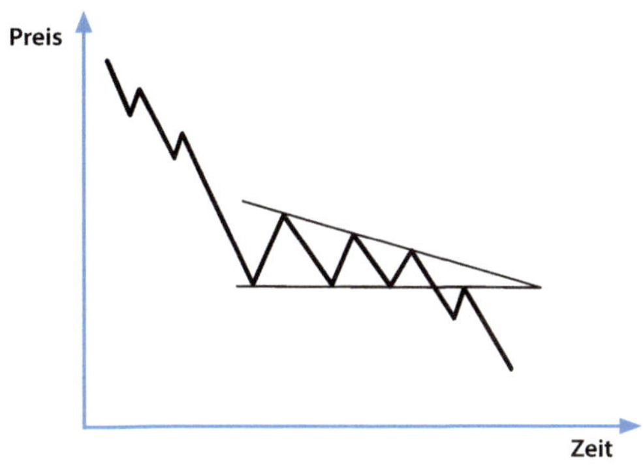

Abbildung 73: Absteigendes Dreieck, Quelle: eigene Darstellung

Der Chart in der folgenden Darstellung 74 zeigt ein konkretes Beispiel und dient zur Veranschaulichung. Im Wochenchart ist die Aktie des Online-Bezahldiensts PayPal Inc. für den Zeitraum vom 01.08.2020 bis zum 19.02.2024 zu sehen. Im Sommer 2021 setzte ein starker Verkaufsdruck zu. Die Aktie fiel von ihrem Verlaufshoch im August 2021 bei 312 US-Dollar auf 67,64 US-Dollar im Juni 2022. Ab Sommer 2022 begann die Bildung eines absteigenden Dreiecks mit typischen tieferen Hochs und einem festen Unterstützungsniveau bei rund 66 US-Dollar. Im Oktober 2023 kam es nach einer bestätigenden Pullback-Bewegung schließlich zum endgültigen Ausbruch und der Fortsetzung des Abwärtstrends.

PayPal im absteigenden Dreieck

Abbildung 74: PayPal im absteigenden Dreieck, Quelle: ProRealTime Chartsoftware

Ermittlung von Mindestkurszielen bei Dreiecken

Ähnlich wie bei Rechteckformationen können Trader auch bei Dreiecksformationen Mindestkursziele bestimmen. Das Ziel wird ermittelt, indem die maximale Höhe des Dreiecks – gemessen von der höchsten Spitze bis zur Basis des Dreiecks – genutzt und die Länge an den Ausbruchspunkt angelegt wird.

- **Beim aufsteigenden Dreieck** wird das Mindestkursziel über dem Widerstand angesetzt, indem die Höhe zum Ausbruchspunkt addiert wird.

- **Beim absteigenden Dreieck** wird das Mindestkursziel unterhalb der Unterstützung platziert, indem die Höhe vom Ausbruchspunkt subtrahiert wird.

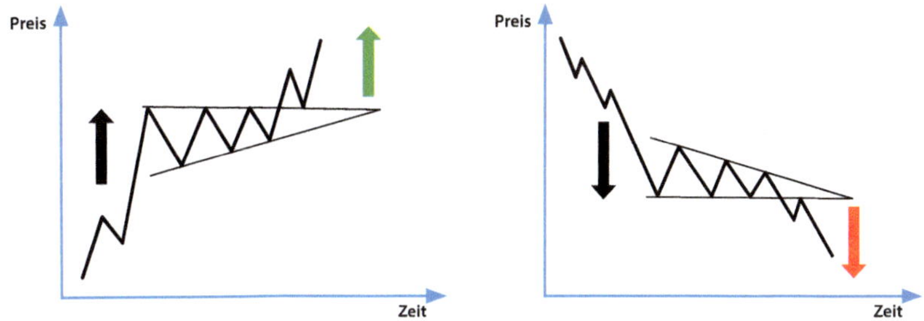

Abbildung 75: Ermittlung von Mindestkurszielen bei Dreiecken, Quelle: eigene Darstellung

Pullbacks und Retests bei Dreieckformationen

Wenn es um den Handel mit Dreiecksformationen geht, ist es wichtig, den Ausbruch aufmerksam zu beobachten. Besonders kritisch ist die Reaktion des Marktes nach dem Ausbruch, wobei ein Pullback zum Ausbruchspunkt eine entscheidende Bestätigung des ursprünglichen Signals darstellen kann. Sollte der Preis nach dem Pullback wieder in Richtung des Ausbruchs weiterziehen und das Dreiecksniveau als neue Unterstützung (im Fall eines aufsteigenden Dreiecks) oder neuen Widerstand (im Fall eines absteigenden Dreiecks) halten, bestätigt dies häufig die Validität des Ausbruchs. Besonders interessieren sich Charttechniker für ein hohes Handelsvolumen während des Ausbruchs und des Pullbacks, da dies die Stärke des Signals bekräftigt.

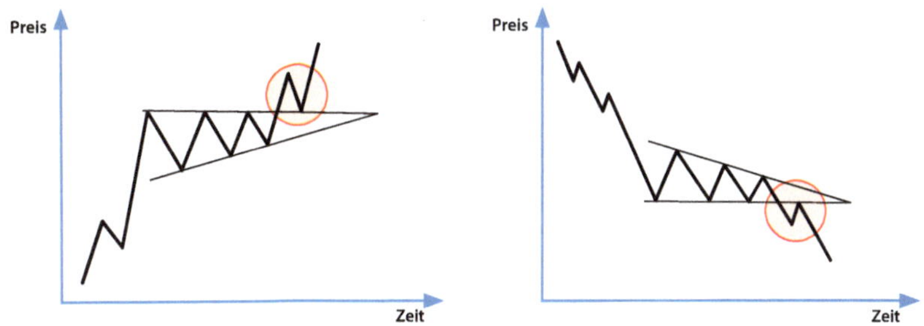

Abbildung 76: Pullbacks bei Dreiecken, Quelle: eigene Darstellung

Während aufsteigende und absteigende Dreiecke Anlegern wertvolle Hinweise auf die potenzielle Fortsetzung eines Trends bieten, wurde die Entscheidung getroffen, symmetrische Dreiecke bei der technischen Analyse zu vernachlässigen. Der Hauptgrund dafür liegt in der Natur des symmetrischen Dreiecks selbst: Es wird durch konvergierende Trendlinien mit abnehmenden Höchstständen und zunehmenden Tiefstständen gebildet. Diese Konvergenz schafft eine offensichtlich symmetrische Figur, die jedoch keine klare Richtungstendenz für den Ausbruch bietet.

Symmetrische Dreiecke

Symmetrische Dreiecke stellen oft eine Situation dar, in der der Markt indifferent ist und Käufer sowie Verkäufer keine eindeutige Kontrolle ausüben. Diese Muster können in beide Richtungen ausbrechen und bieten somit wenig Vorhersehbarkeit in Bezug auf die Richtung der kommenden Preisbewegung. Aufgrund ihrer relativen Unbestimmtheit und der Tatsache, dass sie nicht das gleiche Maß an konkreten Handelsstrategien bieten wie aufsteigende und absteigende Dreiecke, sind symmetrische Dreiecke oft weniger geeignet für unseren handelsorientierten Ansatz, der einen klaren Indikator für die Marktstimmung erfordert.

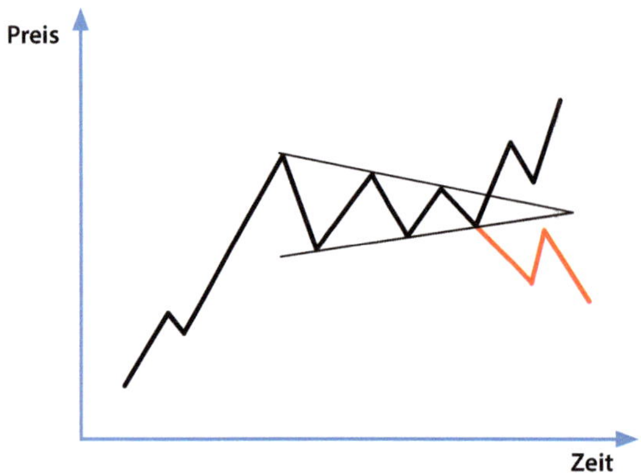

Abbildung 77: Symmetrisches Dreieck, Quelle: eigene Darstellung

7.2.3 Flaggen

In der technischen Analyse sind Flaggenformationen klassische Trendfortsetzungsmuster, die anzeigen, dass der Primärtrend nach einer kurzen Konsolidierungsphase wahrscheinlich wieder aufgenommen wird. Diese Formationen ähneln Flaggen aufgrund ihrer kleinen rechteckigen Form, die sich gegen den vorherrschenden Trend entwickelt.

Bullische Flagge

Die bullische Flagge erscheint in einem Aufwärtstrend und wird als Indikator für seine Fortsetzung betrachtet. Sie entsteht nach einem steilen, fast linearen Preisanstieg, der von einer konsolidierenden Abwärtsbewegung in Form eines kleinen parallelen Preiskanals oder einer leichten Abwärtsneigung gefolgt wird. Die Flagge steht in einem inversen Verhältnis zum Mast – dem initialen Preisanstieg vor der Konsolidierung. Das bullische Signal wird bestätigt, wenn der Preis aus diesem Kanal nach oben ausbricht und den Aufwärtstrend fortsetzt.

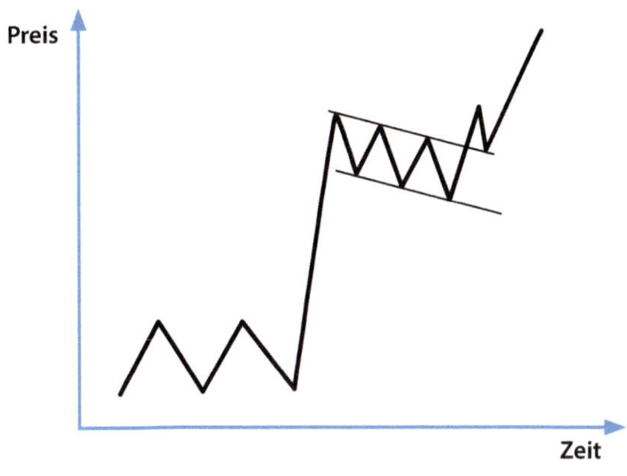

Abbildung 78: Bullische Flagge, Quelle: eigene Darstellung

Der Chart in Abbildung 79 zeigt ein Beispiel zur Veranschaulichung. Im Wochenchart ist die Aktie der Deutschen Bank für den Zeitraum vom 01.07.2018 bis zum 01.05.2022 dargestellt. Im März 2020 begann die Aktie einen neuen Aufwärtstrend, nachdem sich ein Boden im Bereich von 4,22 Euro gebildet hatte. Der Trend setzte sich mit höheren Hochs und Tiefs fort.

Im November 2020 begann die Bildung einer bullischen Flagge, was auf eine mögliche Trendfortsetzung hindeutete. Im Januar 2021 gab es einen ersten Ausbruchsversuch mit einem Hoch bei 9,57 Euro, gefolgt von einem Pullback. Erst beim zweiten Versuch gelang ein erfolgreicher Ausbruch und somit die Fortsetzung des Trends.

Deutsche Bank AG in bullischer Flagge

Abbildung 79: Deutsche Bank in bullischer Flagge, Quelle: ProRealTime Chartsoftware

Bärische Flagge

Im Gegensatz dazu bildet sich eine bärische Flagge während eines Abwärtstrends. Sie beginnt mit einem steilen Preisverfall, der dann in eine leichte, konsolidierende Aufwärtsbewegung innerhalb eines kleinen parallelen Kanals oder einer leichten Aufwärtsneigung übergeht. Das bärische Signal wird durch einen Ausbruch des Preises nach unten aus der Flagge heraus bestätigt, woraufhin der anfängliche Abwärtstrend wahrscheinlich fortgeführt wird.

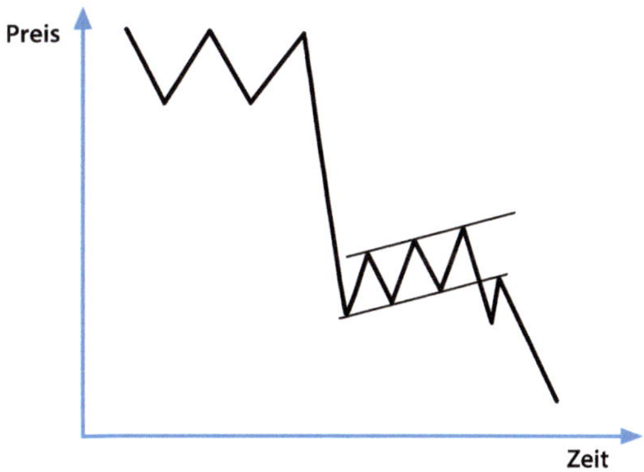

Abbildung 80: Bärische Flagge, Quelle: eigene Darstellung

Im Wochenchart ist die Aktie des Chemie- und Pharmakonzerns Bayer AG für den Zeitraum vom 01.07.2018 bis zum 15.02.2024 dargestellt. Nachdem im April 2023 das Verlaufshoch bei 59,42 Euro nicht mehr bezwungen werden konnte, setzte ein neuer Abwärtstrend ein. Dieser bestätigte sich durch die Bildung der bärischen Flagge im Mai 2023. Mit dem impulsiven Ausbruch im August wurde der Verkaufsdruck erhöht und folglich der Abwärtstrend fortgesetzt.

Bayer AG in bärischer Flagge

Abbildung 81: Bayer in bärischer Flagge, Quelle: ProRealTime Chartsoftware

Ermittlung von Mindestkurszielen bei Flaggen

Die Projektion von Mindestkurszielen bei Flaggenformationen erfolgt mittels einer ähnlichen Methode wie bei vorher beschriebenen Mustern. Man misst die Länge des Flaggenmastes und projiziert diese vom Punkt des Ausbruchs aus der Flagge in die gleiche Richtung des vorherigen Trends.

- Bei **bullischen Flaggen** wird die Mastlänge zum Ausbruchspunkt addiert, um das potenzielle Kursziel nach oben zu bestimmen.
- Bei **bärischen Flaggen** wird die Mastlänge vom Ausbruchspunkt abgezogen, um das potenzielle Kursziel nach unten zu ermitteln.

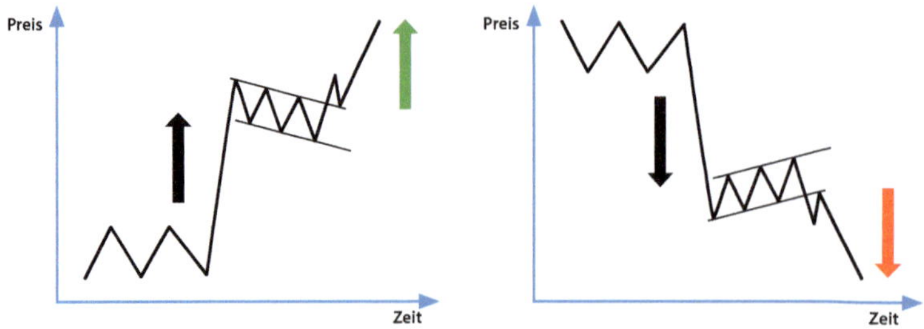

Abbildung 82: Ermittlung von Kurszielen bei Flaggen, Quelle: eigene Darstellung

Pullbacks bei Flaggenformationen

Vielfach tritt nach dem initialen Ausbruch ein Pullback auf, der den Rand der Flagge testet. Eine Bestätigung der Flaggenformation liegt vor, wenn der Preis am Rand der Flagge Unterstützung (bullische Flagge) oder Widerstand (bärische Flagge) findet und sich anschließend in die Richtung des Ausbruchs bewegt. Dieser Pullback kann oft als zweite Chance für einen Einstieg genutzt werden.

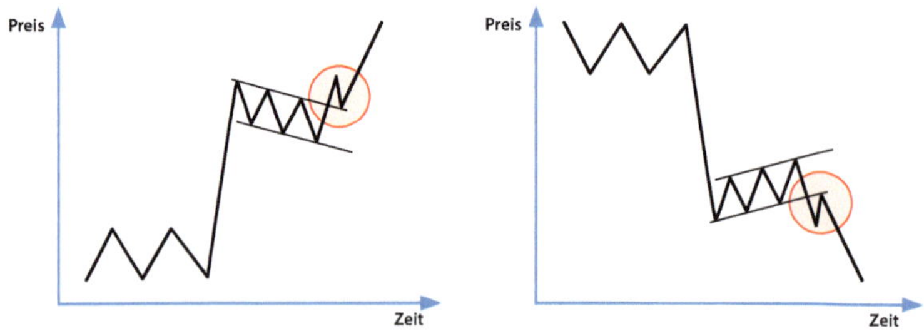

Abbildung 83: Pullback bei Flaggenformationen, Quelle: eigene Darstellung

Ein erhöhtes Handelsvolumen während des Ausbruchs und des Pullbacks unterstützt die Stärke des Signals, wobei ein absinkendes Volumen während der Flaggenbildung und ein sprunghafter Anstieg beim Ausbruch ideale Bedingungen darstellen.

7.3 Ausgewählte Chartformationen: Trendumkehrformationen

Nachdem wir uns mit wichtigen ausgewählten Trendfortsetzungsformationen befasst haben, wenden wir uns nun den Trendumkehrformationen zu. Diese Muster in der Chartanalyse sind entscheidend, da sie uns Hinweise darauf liefern, an welchem Punkt ein bestehender Trend an Momentum verlieren könnte und eine potenzielle Richtungsänderung bevorsteht. Die Kenntnis dieser Signale ist für Marktteilnehmer unerlässlich, um mögliche Wendepunkte am Markt zu identifizieren und entsprechend zu reagieren.

7.3.1 Schulter-Kopf-Schulter-Formation (SKS)

Schulter-Kopf-Schulter-Formationen (SKS) und ihre Umkehrung, die inversen Schulter-Kopf-Schulter-Formationen (inverse SKS), sind klassische Muster, die eine potenzielle Trendumkehr anzeigen. Diese Muster treten auf, wenn ein Trend an Dynamik verliert und die Wahrscheinlichkeit einer Richtungsänderung steigt.

Schulter-Kopf-Schulter-Formation (SKS)

Die Schulter-Kopf-Schulter-Formation bildet sich am Ende eines Aufwärtstrends und ist ein Hinweis darauf, dass eine Wende zu einem Abwärtstrend bevorstehen könnte. Die klassische SKS besteht aus drei Peaks: der linken Schulter, dem Kopf und der rechten Schulter. Der Kopf ist der höchste Peak, während die Schultern in etwa auf einer Linie sind, die etwas niedriger liegt als der Kopf. Die „Nackenlinie", die sich durch das Verbinden der Tiefs zwischen den Peaks ergibt, spielt eine Schlüsselrolle bei der Bestätigung des Musters. Ein durchgehender Kursrutsch unter diese Nackenlinie gilt als Bestätigung der Formation und ist ein Signal für einen möglichen Abwärtstrend.

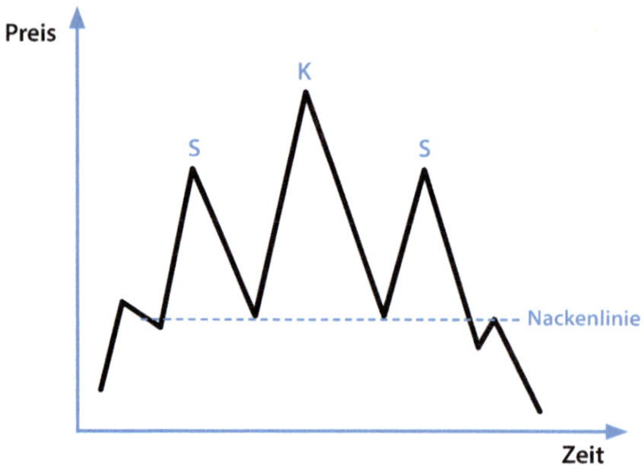

Abbildung 84: Schulter-Kopf-Schulter-Formation, Quelle: eigene Darstellung

Die Sixt-Aktie hat im Zeitraum von November 2023 bis März 2024 eine typische SKS-Formation gebildet. SKS-Formationen sind nicht leicht zu erkennen und treten in der Regel nicht allzu häufig auf; sie sind auch nicht so einfach mit bloßem Auge wie andere Formationen zu erkennen. Im November bildete die Aktie die linke Schulter bei 95 Euro, um die Jahreswende bildete die Aktie dann den Kopf mit einem Höchststand von 102,20 Euro und im Februar 2024 wurde schließlich die rechte Schulter bei 96,10 Euro ausgebildet. Nach der Bildung wurde im Februar auch die Nackenlinie bei 89 Euro nach unten durchbrochen, was zu einer nahtlosen Pullback-Bewegung führte und neue Impulse setzte sowie einen endgültigen Ausbruch unterhalb der Nackenlinie initiierte und den Trend fortsetzte. Die Aktie lag bereits Ende Februar bei 84,45 Euro.

Sixt AG in SKS-Formation

Abbildung 85: Sixt AG in SKS-Formation, ProRealTime Chartsoftware

Inverse Schulter-Kopf-Schulter-Formation (inverse SKS)

Die inverse SKS ist das spiegelverkehrte Muster zur SKS und eine bullische Trendumkehrformation. Sie tritt am Ende eines Abwärtstrends auf und signalisiert möglicherweise einen anstehenden Aufwärtstrend. Dieses Muster besteht aus drei Tiefpunkten: der rechten Schulter, dem Kopf und der linken Schulter, wobei der Kopf das tiefste Tief darstellt. Analog zur SKS ist auch hier die Nackenlinie – eine Linie auf Höhe der Hochpunkte zwischen den Tiefen – entscheidend. Der Ausbruch über diese Linie deutet auf eine Validierung der inversen SKS hin.

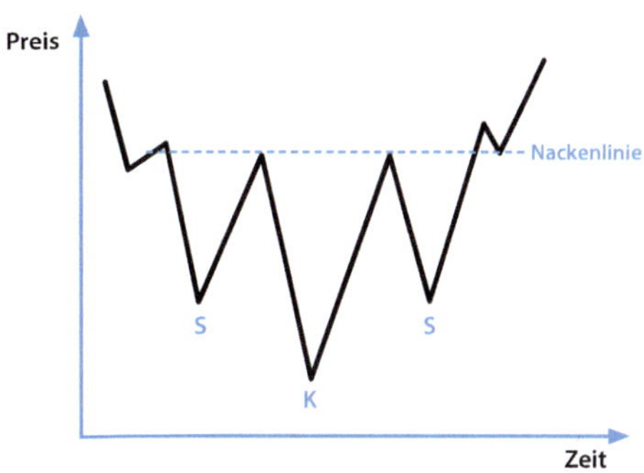

Abbildung 86: Inverse Schulter-Kopf-Schulter-Formation, Quelle: eigene Darstellung

Das Bergbauunternehmen Barrick Gold, das sich auf die Goldproduktion konzentriert, bildete im Zeitraum von Oktober 2022 bis Dezember 2022 eine typische inverse SKS-Formation aus und startete einen neuen Aufwärtsimpuls. Im Oktober erreichte die Aktie bei 13 US-Dollar die linke Schulter, im folgenden Monat den Kopf mit einem Höchststand von 13,07 US-Dollar und schließlich im November die rechte Schulter bei 12,90 US-Dollar. Diese Entwicklung mündete schließlich im Dezember in einem entscheidenden Moment, als der Kurs die entscheidende Nackenlinie signifikant überschritt und bei einem Niveau von 15,31 US-Dollar einen kräftigen Aufwärtstrend einleitete. Dieses Durchbrechen der Nackenlinie löste eine Pullback-Bewegung aus, die als Startsignal für weitere Kursanstiege gedeutet wurde. Der definitive Ausbruch über diese signifikante Marke festigte den Aufwärtskurs. Mit dem Beginn des neuen Jahres 2023 konnte Barrick Gold bereits einen beeindruckenden Anstieg des Aktienkurses auf 18 US-Dollar verzeichnen und damit den eingeschlagenen Aufwärtstrend eindrucksvoll bestätigen.

Barrick Gold in inverser SKS-Formation

Abbildung 87: Barrick Gold in inverser SKS-Formation, ProRealTime Chartsoftware

Ermittlung von Mindestkurszielen bei SKS-Formationen

Bei beiden Formationen, der SKS und der inversen SKS, wird das Mindestkursziel aus der Höhe des Musters abgeleitet, das von der Spitze des Kopfes bis zur Nackenlinie gemessen wird. Nachdem der Preis die Nackenlinie durchbricht, projiziert man diese Distanz vom Punkt des Ausbruchs aus:

- Für die **SKS-Formation** wird das Mindestkursziel unterhalb der Nackenlinie berechnet, indem die Höhe vom Ausbruchspunkt nach unten abgezogen wird.
- Beim **inversen SKS-Muster** wird das Mindestkursziel oberhalb der Nackenlinie angesetzt, indem die Höhe zum Ausbruchspunkt addiert wird.

Pullbacks bzw. Retests bei SKS-Formationen

Ein Handelseintritt wird häufig erwogen, sobald der Preis die Nackenlinie nachhaltig überwindet oder unterschreitet. Ein anschließender Pullback an diese Linie, der sie als neue Unterstützung (inverse SKS) oder als neuer Widerstand (SKS) bestätigt, kann die Zuverlässigkeit des Ausbruchs erhärten und als günstiger Punkt für den Handelseintritt dienen. Dabei ist es ratsam, die Handelsvolumina zu beachten: Einsteigende Volumina beim Durchbruch der Nackenlinie können als Bestätigung der Trendumkehr dienen.

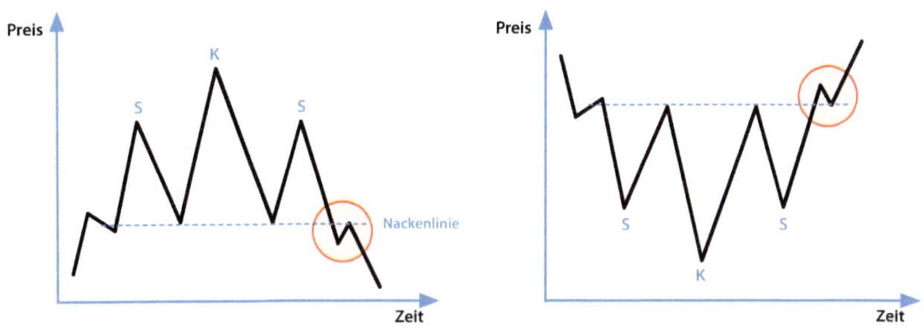

Abbildung 88: Pullbacks bzw. Retests bei SKS-Formationen, Quelle: eigene Darstellung

SKS und die inverse SKS treten nicht allzu häufig auf, gehören aber zu den verlässlichsten Trendumkehrformationen. Jedoch sollten auch hier zur Erhöhung der Erfolgswahrscheinlichkeit neben der Beobachtung des Ausbruchs weitere Analysetechniken und Risikomanagementstrategien angewendet werden.

7.3.2 Doppeltop und Doppelboden

Charakteristik des Doppeltops

Die M-Formation, bekannt als Doppeltop, ist ein häufig vorkommendes charttechnisches Umkehrmuster und wird als Signal für den Übergang von einem Aufwärtstrend zu einem Abwärtstrend verstanden. Diese Formation wird durch zwei deutlich sichtbare Hochpunkte gekennzeichnet, die in etwa auf dem gleichen Niveau liegen und durch eine moderate Senkung getrennt sind, was die Form eines M nachzeichnet.

Das Doppeltop tritt auf, wenn der Kurs eines Vermögenswerts zweimal einen Widerstandsbereich erreicht und dabei beide Male abprallt, was bedeutet, dass es nicht genügend Käufer gibt, um den Preis über diesen Punkt hinauszuführen. Der Bereich zwischen den beiden Hochs bildet das Tal der M-Formation. Eine Bestätigung des Doppeltops erfolgt typischerweise, wenn der Kurs unter das Niveau des Zwischentiefs fällt, was anzeigt, dass Verkäufer die Oberhand gewonnen haben und ein möglicher Abwärtstrend bevorsteht.

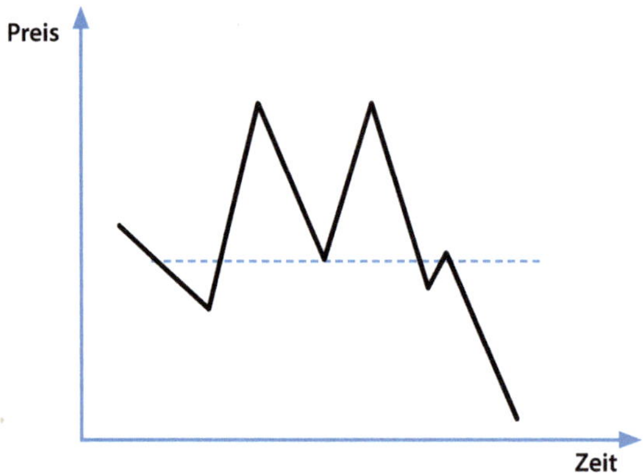

Abbildung 89: Doppeltop, Quelle: eigene Darstellung

Im folgenden Wochenchart des E-Autoherstellers Tesla kann die Entwicklung eines Doppeltops veranschaulicht werden. Die Aktie befand sich seit 2021 und ihrem Verlaufshoch bei 415 US-Dollar in einem Abwärtstrend. Im Juni 2022 zeichnete sich eine Erholung ab, die in einem ersten Verlaufshoch bei 314 US-Dollar endete. Anschließend wurde typischerweise ein Mitteltief und eine erneute Gipfelbildung eingeleitet, die zu einem Doppeltop führte. Ab Oktober begann eine Korrekturbewegung, die den Unterstützungsbereich von 237 US-Dollar durchbrach. Nach einer Pullback-Bewegung wurde der Unterstützungsbereich getestet und im zweiten Anlauf erfolgte die typische Trendfortsetzungsbewegung. Die Aktie fiel anschließend bis zum Ende des Jahres 2022 auf 101 US-Dollar.

Tesla bildet Doppeltop

Abbildung 90: Tesla bildet Doppeltop, ProRealTime Chartsoftware

Charakteristik des Doppelbodens

Die W-Formation, oft als Doppelboden bezeichnet, ist ein eindeutiges charttechnisches Muster und gilt als zuverlässiges Zeichen für eine Trendumkehr von einem bestehenden Abwärtstrend zu einem zukünftigen Aufwärtstrend. Diese Formation zeichnet sich grafisch als zwei Tiefs ab, die ungefähr auf dem gleichen Niveau liegen, mit einer moderaten Erholung dazwischen, die das W formt.

Ein Doppelboden entsteht, wenn der Preis eines Vermögenswertes zweimal auf ein signifikantes Tief fällt, dabei aber nicht weiter sinkt. Vielmehr findet er an dieser Unterstützungslinie genügend Käufer, um wieder nach oben zu drehen. Die Zwischenerholung zwischen den beiden Tiefs bildet dabei den mittleren Gipfel des W. Ein Doppelboden wird häufig erst bestätigt, wenn der Preis über den Widerstandspunkt des mittleren Gipfels steigt und somit zeigt, dass die Käufer wieder Kontrolle gewonnen haben.

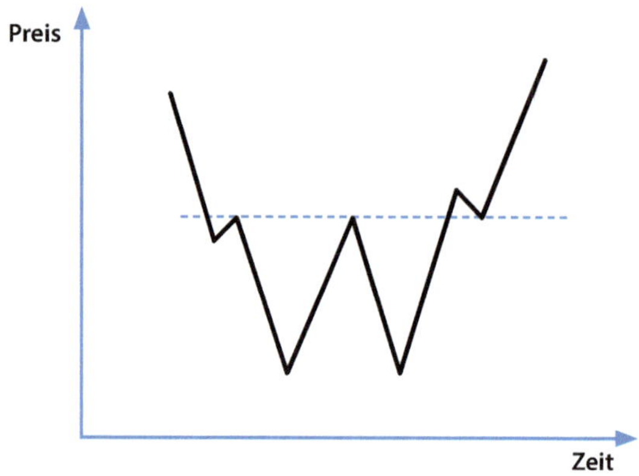

Abbildung 91: Doppelboden, Quelle: eigene Darstellung

Die Aktie der Lufthansa AG bildete im Zeitraum von Mai 2022 bis Dezember 2022 einen vorbildlichen Doppelboden in der Praxis aus und initiierte einen neuen Aufwärtstrend. Die folgende Abbildung zeigt die Aktie im Wochenchart. Nach einer Konsolidierungsphase erreichte die Aktie im Mai 2022 bei 5,31 Euro den ersten Boden. Anschließend stieg der Kurs beispielhaft für eine Doppelboden-Formation an und erreichte im August sein Zwischenhoch bei 6,89 Euro, um dann eine Korrektur einzuleiten, die zu einem zweiten Boden führte. Es ist zu beachten, dass bei einem Doppelboden die Böden nicht genau an derselben Stelle liegen müssen, sie sollten sich jedoch in der Nähe befinden und optisch als Doppelboden erkennbar sein. Im Oktober begann ein neuer Aufwärtsimpuls, der mit dem Erreichen des Zwischenhochs und einer Fortsetzung des Trends zu neuen Höchstständen im Februar 2023 bei 11,16 Euro führte.

Lufthansa bildet Doppelboden

Abbildung 92: Lufthansa bildet Doppelboden, ProRealTime Chartsoftware

Ermittlung von Mindestkurszielen bei Doppeltop/-boden

Das Mindestkursziel einer W-Formation wird durch die Messung der Höhendifferenz zwischen dem tiefsten Punkt des Doppelbodens und dem Widerstand des mittleren Gipfels berechnet. Um das Ziel zu projizieren, addiert man diese Differenz zum Ausbruchspunkt – dem Punkt, an dem das Muster den Widerstand des mittleren Gipfels überwindet.

Ähnlich wie beim Doppelboden wird das Mindestkursziel beim Doppeltop ermittelt, indem die Distanz zwischen dem höchsten Punkt des Doppeltops und dem Tal, dem tiefsten Punkt zwischen den beiden Hochpunkten, gemessen wird. Diese Höhendifferenz wird dann von der Bruchstelle des Tals nach unten abgezogen, um das Kursziel zu projizieren.

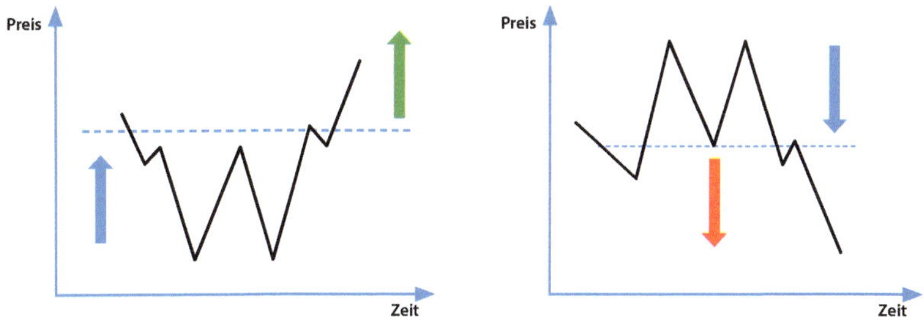

Abbildung 93: Mindestkursziel bei Doppeltop/-boden, Quelle: eigene Darstellung

Pullbacks bzw. Retests bei Doppeltop/-boden

Ein Pullback nach dem Ausbruch, der dazu führt, dass der Preis den früheren Widerstand (nun Unterstützung beim Doppelboden) bzw. die frühere Unterstützung (nun Widerstand beim Doppeltop) erneut testet, kann als weitere Bestätigung des Musters angesehen werden. Solch ein Rücksetzer bietet eine zusätzliche Einstiegs- bzw. Ausstiegsmöglichkeit. Im Idealfall warten Anleger auf diese Bestätigungsdynamik, um die Validität des Musters zu untermauern.

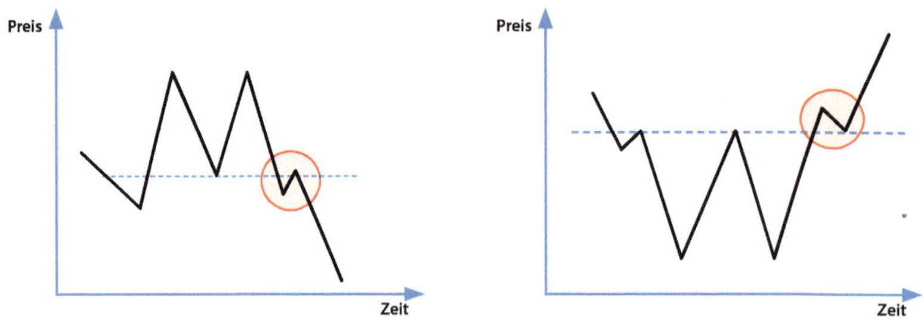

Abbildung 94: Pullbacks bei Doppeltop/-boden, Quelle: eigene Darstellung

7.3.3 V-Formation

Die V-Formation ist ein markantes Umkehrmuster in der technischen Analyse, das durch eine sehr scharfe und schnelle Trendwende charakterisiert ist, sowohl von einem Abwärtstrend zu einem Aufwärtstrend als auch umgekehrt. Im Gegensatz zu anderen Umkehrmustern, wie dem Doppeltop oder -boden, die über einen längeren Zeitraum eine Form entwickeln, entsteht die V-Formation typischerweise sehr schnell und zeigt eine dramatische Veränderung in der Stimmung der Marktteilnehmer an. Ein sehr gutes Beispiel ist die V-förmige Erholung an den Aktienmärkten nach der Coronakrise.

Eine V-Formation wird erkennbar, wenn der Preis nach einer starken Bewegung in eine Richtung abrupt umkehrt und eine ebenso aggressive Bewegung in die entgegengesetzte Richtung vollzieht. Diese Trendumkehr zeichnet visuell einen klaren und scharfen Buchstaben V (oder Λ bei einer Umkehrung von unten nach oben) im Chart. Aufgrund ihrer raschen Natur können V-Formationen schwieriger zu handeln sein, da sie wenig Zeit für eine Bestätigung bieten und selten mit einem Rücktest (Pullback) einhergehen, der zusätzliche Validierung liefern könnte.

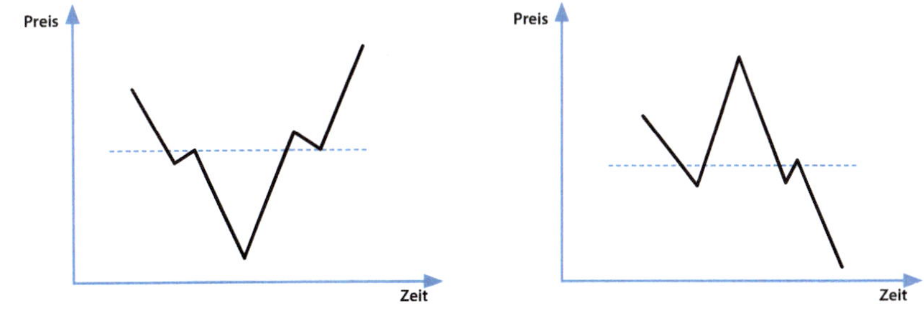

Abbildung 95: V- und Λ-Formation, Quelle: eigene Darstellung

Im Folgenden sehen wir den Wochenchart des deutschen Leitindex DAX 40. Wie unschwer zu erkennen ist, hat der Aktienindex während des Ausbruchs der Corona-Krise einen starken und abrupten Abverkauf erlebt. Innerhalb eines Monats verlor der Index rund -42 % und bildete im März 2020 bei 7.971 Punkten seinen Tiefpunkt aus, von dem aus er eine ebenso schnelle wie kräftige Erholungsbewegung startete. Innerhalb von 60 Tagen konnte der DAX um 60 % vom Tiefstand aus steigen und seinen übergeordneten Aufwärtstrend wieder aufnehmen.

DAX 40 mit V-Formation nach Ausbruch der Coronakrise

Abbildung 96: DAX mit V-Formation, ProRealTime Chartsoftware

7.4 Zusammenfassung

In diesem Kapitel haben wir uns intensiv mit einer sorgfältig ausgewählten Palette von technischen Indikatoren befasst. Unser Ziel war es, die Bedeutung eines angemessenen Mix verschiedener Indikatoren für die Schärfung des analytischen Blicks hervorzuheben. Durch die Verwendung unterschiedlicher Indikatoren können wir die vielfältigen Signale des Marktes besser interpretieren und fundierte Entscheidungen treffen. Wir haben dieses Konzept anhand eines detaillierten praktischen Beispiels verdeutlicht, das das Zusammenspiel der einzelnen Indikatoren illustrierte. Besonders zu betonen ist hierbei die Rolle, die technische Indikatoren in unserem Auswahlprozess spielen; sie sind unverzichtbare Werkzeuge, mit denen wir potenzielle Anlagechancen identifizieren können. Anschließend haben wir uns wichtigen Chartformationen gewidmet, die für die technische Analyse entscheidend sind. Unser Fokus lag insbesondere auf Trendfortsetzungs- und Trendumkehrformationen. Warum? Weil diese Muster eine zentrale Rolle für unseren analytischen Ansatz spielen, der darauf abzielt, Aktien herauszufiltern, die sich in einem Aufwärtstrend befinden. Diese wurden mithilfe der Relativen Performance-Matrix identifiziert und auch charttechnisch auf einen möglichen Trend überprüft sowie zukünftige Entwicklungen eingeschätzt. Daher haben wir uns auf ausgewählte Formationen konzentriert, die besonders relevant für unseren spezifischen Ansatz sind. Wir sind der Überzeugung, dass ein tiefgreifendes Verständnis dieser Strukturen Anlegern ermöglicht, aussichtsreiche Szenarien zu erkennen und darauf basierend gut durchdachte Anlagestrategien zu entwickeln.

Abschnitt III

KAPITEL 8

Top-down oder Buttom-up?

Wir haben unseren Ansatz „Wohin fließt das Geld?" nach dem Top-down-Prinzip vorgestellt. Also von oben nach unten. Oder anders formuliert: Welche Assets (Aktien, Anleihen oder Rohstoffe) sind interessant und welche Einzelaktien aussichtsreich? Aber dieser Ansatz ist nicht in Stein gemeißelt. Auch der umgekehrte Weg ist durchaus möglich, d. h., der Anleger hat vielversprechende Dividendenpapiere, die dann von unten nach oben nach Tauglichkeit überprüft werden (Bottom-up).

In diesem kurzen Kapitel werden wir Ihnen vier Aktienfilter vorstellen. Hierbei werden Aktien aus dem deutschen Leitindex saisonal, fundamental, technisch und nach der Relativen Performance-Matrix beleuchtet.

8.1 Der saisonale Aktienfilter

Im Kapitel zur Saisonalität haben wir bereits gesehen, dass es sich hierbei um ein sehr nützliches Werkzeug handelt, um Aktien mit künftigen starken bzw. schwachen Marktphasen zu finden. Im Aktienfilter Saisonalität sind die vierzig DAX-Werte nach dem höchsten durchschnittlichen Ertrag aufgelistet. Der Zeitraum des saisonalen Musters erstreckt sich über einen Zeitraum von 31 bis 60 Tagen. Zudem ist die jeweilige Wahrscheinlichkeit in Prozent der einzelnen Titel aufgeführt. Mit diesen Informationen kann der Anleger gemäß des Ansatzes „Wohin fließt das Geld?" die Anteilsscheine genauer unter die Lupe nehmen.

Rank	Symbol	Instrument	Annualize	Average re	Median re	Pattern St	Pattern Er	Cal. Days	Max Profit	Max Loss	No. of Win	No. of Tra	Win Ratio	Std Dev	Sharpe Ra
4	SRT3	Sartorius Aktiengesellschaft	+49.97%	+6.93%	+5.47%	08. Feb	09. Apr	60	+30.20%	-11.72%	7	10	70%	10.77%	0.64
3	RWE	RWE Aktiengesellschaft	+41.21%	+5.87%	+7.21%	08. Feb	09. Apr	60	+30.30%	-21.17%	7	10	70%	11.14%	0.53
6	FME	Fresenius Medical Care AG & Co. KGaA	+36.13%	+5.23%	+6.14%	08. Feb	09. Apr	60	+23.52%	-13.13%	7	10	70%	7.35%	0.71
9	DTE	Deutsche Telekom AG	+34.14%	+4.70%	+4.43%	08. Feb	06. Apr	57	+15.64%	-13.70%	8	10	80%	6.43%	0.73
8	SY1	Symrise AG	+30.55%	+4.51%	+5.13%	08. Feb	09. Apr	60	+10.06%	-9.30%	9	10	90%	3.73%	k.A.
1	ADS	adidasAG	+27.81%	+4.14%	+10.38%	08. Feb	09. Apr	60	+23.19%	-21.59%	7	10	70%	12.26%	0.34
5	DB1	Deutsche Börse Aktiengesellschaft	+26.25%	+3.93%	+7.79%	08. Feb	09. Apr	60	+13.88%	-13.30%	7	10	70%	5.90%	0.67
10	PAH3	Porsche Automobil Holding SE	+25.32%	+3.80%	+3.78%	08. Feb	09. Apr	60	+56.73%	-29.25%	6	10	60%	18.01%	0.21
19	QIA	QIAGEN N.V	+22.30%	+3.10%	+2.18%	08. Feb	04. Apr	55	+18.12%	-10.85%	5	10	50%	7.73%	0.40
2	HEI	Heidelberg Materials AG	+19.41%	+2.98%	+10.83%	08. Feb	09. Apr	60	+24.65%	-31.38%	7	10	70%	16.02%	0.19
14	HNR1	Hannover Rück SE	+17.67%	+2.73%	+4.02%	08. Feb	09. Apr	60	+23.24%	-25.99%	8	10	80%	11.88%	0.23
15	SAP	SAP SE	+16.07%	+2.50%	+4.13%	08. Feb	09. Apr	60	+15.80%	-11.05%	8	10	80%	5.99%	0.42
11	EOAN	E.ON SE	+19.04%	+2.37%	+5.00%	08. Feb	29 Mar	49	+14.60%	-12.31%	7	10	70%	8.11%	0.29
22	BMW	Bayerische Motoren Werke	+17.13%	+2.15%	+1.49%	08. Feb	29 Mar	49	+22.62%	-28.33%	7	10	70%	12.65%	0.17
23	VOW3	Volkswagen Aktiengesellschaft	+12.96%	+2.03%	+1.68%	08. Feb	09. Apr	60	+44.89%	-25.45%	5	10	50%	16.58%	0.12
25	BNR	Brenntag AG	+12.91%	+1.99%	+0.36%	08. Feb	08. Apr	59	+21.37%	-25.25%	5	10	50%	12.03%	0.17
17	IFX	Infineon Technologies AG	+14.23%	+1.98%	+4.11%	08. Feb	02. Apr	54	+23.11%	-38.73%	8	10	80%	15.29%	0.13
20	MRK	MERCK KKGaA	+11.41%	+1.70%	+3.57%	08. Feb	06. Apr	57	+26.02%	-22.35%	7	10	70%	10.36%	0.16
7	AIR	Airbus Se	+20.10%	+1.67%	+9.10%	08. Feb	13 Mar	33	+31.85%	-45.66%	7	10	70%	18.75%	0.09
16	DPW	Deutsche Post AG	+10.09%	+1.60%	+4.99%	08. Feb	09. Apr	60	+20.84%	-23.28%	7	10	70%	13.34%	0.12
18	HEN3	Henkel AG & Co. KGaA	+6.96%	+1.12%	+5.04%	08. Feb	09. Apr	60	+12.63%	-17.05%	7	10	70%	9.68%	0.12
13	PUM	PUMASE	+5.88%	+0.95%	+6.39%	08. Feb	09. Apr	60	+26.28%	-19.81%	6	10	60%	14.05%	0.07
12	SIE	Siemens Aktiengesellschaft	+5.49%	+0.80%	+6.74%	08. Feb	03. Apr	55	+10.77%	-29.52%	7	10	70%	11.43%	0.07
26	ALV	Allianz SE	+3.45%	+0.56%	+1.38%	08. Feb	09. Apr	60	+13.14%	-27.68%	5	10	50%	11.55%	0.05
21	MUV2	Münchener Rückversicherungs	+2.77%	+0.45%	+3.98%	08. Feb	09. Apr	60	+13.74%	-30.68%	7	10	70%	12.45%	0.04
28	BAYN	Bayer Aktiengesellschaft	+1.34%	+0.22%	-1.70%	08. Feb	09. Apr	60	+28.30%	-25.48%	5	10	50%	13.79%	0.02
24	VNA	Vonovia SE	-6.64%	-1.13%	+4.04%	08. Feb	09. Apr	60	+25.99%	-31.04%	7	10	70%	16.45%	-0.07
27	MTX	MTU Aero Engines AG	-20.43%	-2.81%	+4.05%	08. Feb	25 Mar	46	+14.49%	-51.18%	7	10	70%	19.42%	-0.14
29	CON	Continental Aktiengesellschaft	-24.14%	-4.47%	+0.48%	08. Feb	09. Apr	60	+14.54%	-29.80%	5	10	50%	20.51%	-0.22
30	DBK	Deutsche Bank Aktiengesellschaft	-40.65%	-4.62%	+1.29%	08. Feb	13 Mar	33	+34.08%	-45.72%	6	10	60%	27.70%	-0.17

Abbildung 97: Saisonaler Aktienfilter der DAX-Aktien. Quelle: Seasonax.com; Stand Februar 2024

DAX 40	Analysteneinschätzungen - Fundamental						Tendenz
	Kurs	BUY	HOLD	SELL	ø-Kursziel	%-Abstand	
Adidas	175,42	15	14	6	185,04	5,48%	→
Airbus	150,8	1	1	0	152,00	0,80%	↑
Allianz	245,25	17	3	1	266,56	8,69%	↑
BASF	44,59	8	13	4	48,00	7,65%	→
Bayer	28,7	6	15	3	44,91	56,58%	→
BMW	99,14	11	13	4	106,27	7,19%	→
Brenntag	80,68	13	6	4	87,95	9,01%	↑
Continental	73,84	8	12	1	80,80	9,43%	→
Covestro	47,78	9	10	0	52,26	9,38%	↑
Daimler Truck	34,03	18	3	0	41,94	23,25%	↑
Delivery Hero	18	17	5	0	45,23	151,27%	↑
Deutsche Bank	11,602	9	12	2	14,12	21,70%	→
Deutsche Börse	186,3	12	12	0	208,90	12,13%	↑
Deutsche Post	42,09	15	4	0	49,88	18,51%	↑
Deutsche Telekom	22,355	19	3	0	26,61	19,05%	↑
E.ON	12,11	17	5	1	13,69	13,03%	↑
Fresenius	25,49	14	7	1	37,24	46,08%	↑
Fresenius Med.	36,73	5	13	5	40,37	9,91%	→
Hannover Rück	230,6	7	6	5	224,28	-2,74%	→
Heidelberg Cem.	86,72	13	9	1	87,47	0,87%	↑
Hello Fresh	12,685	12	4	7	22,52	77,53%	→
Henkel	63,3	1	0	1	71,00	12,16%	→
Infineon	31,88	22	4	0	44,16	38,52%	↑
Linde	391,9	5	0	0	415,86	6,11%	↑
Mercedes-Benz Group	63,98	15	10	2	77,27	20,77%	↑
Merck	149,7	15	4	1	177,53	18,59%	↑
MTU Aero Engines	217,5	15	10	0	222,09	2,11%	↑
Münch. Rück	401	13	7	1	422,43	5,34%	↑
Porsche	45,68	9	6	0	68,69	50,37%	↑
Puma	40,27	13	12	0	54,17	34,51%	↑
Qiagen	40,555	8	5	0	47,89	18,09%	↑
RWE	32,72	21	2	0	50,34	53,84	↑
SAP	168	21	8	1	175,34	4,37%	↑
Sartorius	274,5	2	0	0	353,33	28,72%	↑
Siemens	168,16	19	4	1	187,63	11,58%	↑
Siemens Health.	53,94	21	5	0	58,70	8,82%	↑
Symrise	97,32	11	10	3	106,37	9,30%	→
Vonovia	26,94	19	3	3	32,31	19,95%	↑
VW	131,35	2	1	0	152,67	16,23%	↑
Zalando	18,725	22	8	1	30,27	61,64%	↑

Abbildung 98: Fundamentaler Aktienfilter der DAX-Aktien, Quelle: Refinitiv; Stand Februar 2024

8.2 Der fundamentale Aktienfilter

Kommen wir nun zur fundamentalen Betrachtung der 40 DAX-Aktien. Die Herangehensweise haben Sie ebenfalls in einem vorherigen Kapitel kennengelernt. Wir schauen uns die externen Analystenempfehlungen an. Wichtig hierbei ist vor allem der aktuelle Abstand des Kurses zum Kursziel, auch innerer Wert der Aktie genannt. Es stechen einige Dividendenpapiere mit einem hohen Abschlag ins Auge. Von hier aus startet dann der in diesem Buch beschriebene Analyseprozess.

8.3 Aktienfilter Relative Stärke

Die unten stehende Grafik kennen Sie bereits. Es ist die Relative Performance-Matrix des DAX. Von Interesse sind die Aktien, die sich im zweiten Quadranten (Aufwärtstrend) aufhalten. Diese weisen auf Sicht der letzten vier Wochen und drei Monate eine Outperformance gegenüber der Benchmark auf. Anders formuliert, die Werte schneiden im Augenblick

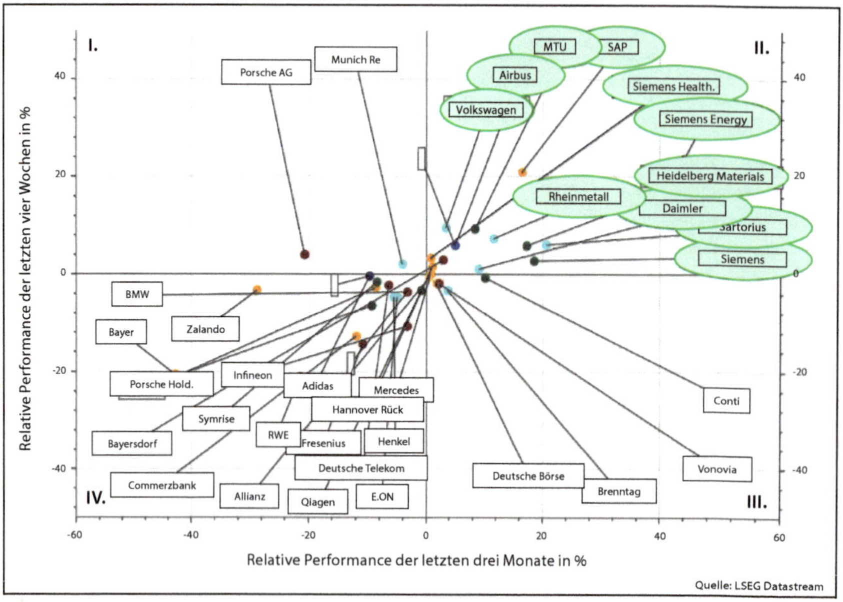

Abbildung 99: Relative Performance-Matrix der DAX-Aktien, Quelle: Refinitiv, eigene Darstellung; Stand Februar 2024

Im Vergleich zum DAX besser ab. Grundlage der Relativen Stärke ist, dass diese Outperformance noch eine Weile lang andauern könnte. Die im zweiten Quadranten aufgeführten Aktien werden dann anschließend genauer betrachtet, so wie in diesem Buch beschrieben.

8.4 Technischer Aktienfilter

Im vierten und letzten Aktienfilter wenden wir zur Identifizierung aussichtsreicher Einzelaktien einige bekannte und beliebte Indikatoren an. Diese sind der einfache 50-Tage-Durchschnitt, die Bollinger Bänder, der Keltner-Kanal und der Relative-Stärke-Index (RSI). Am Ende dieser Analyse bekommt die jeweilige Aktie ein Gesamtergebnis. Zeigt der Pfeil nach oben, weist der Titel ein Kaufsignal auf. Zeigt der Pfeil zur Seite, sollte mit einem Engagement noch abgewartet werden. Ist der Pfeil nach unten gerichtet, empfiehlt es sich, die Aktien entweder zu verkaufen oder eine Short-Position zu eröffnen.

Die Notierung der Aktie sollte oberhalb des einfachen 50-Tage-Durchschnitts liegen. Zudem wäre es sehr hilfreich, wenn der Kurs oberhalb des oberen Bollinger Bandes (Einstellung 10 Handelstage und eine Standardabweichung) und oberhalb des oberen Keltner-Kanals (Einstellung 20 Handelstage) aus dem Handel geht. Zudem sollte der Relative-Stärke-Index (RSI) mit der Einstellung 21 Tage über der Schwelle von 52 notieren. Umgekehrt liegen Verkaufssignale vor.

Auch hier kann sich der Anleger die Aktien mit beispielsweise intakten Kaufsignalen herauspicken und entsprechend unseres Ansatzes genauer untersuchen.

FAZIT:

Bekanntlich führen mehrere Wege nach Rom. Dies gilt auch an der Börse. Ob sich der Anleger zuerst anschaut, welche Assets im Augenblick gefragt sind, oder ob erst ein Blick auf die Charts der Aktien geworfen wird, spielt keine Rolle. Wichtig für den künftigen Erfolg ist, ein Dividendenpapier fundamental, saisonal, charttechnisch und unter dem Aspekt der Relativen Stärke für ein Investment zu prüfen.

Aktie	Kurs am 09-02-2024	MA(50)	Rec.	BB(10/1)	Keltner(20)	RSI(21)	TOTAL
Adidas	**171,79**	**181,56**	↓	↓	→	↓	↓
Airbus	150,38	143,71	↑	↑	↑	↑	↑
Allianz	243,00	242,98	↑	↓	↑	→	→
BASF	44,09	45,59	↓	↓	→	↓	↓
Bayer	27,79	32,05	↓	↓	↓	↓	↓
Beiersdorf	137,77	134,80	↑	↑	↑	↑	↑
BMW	102,00	98,23	↑	↑	↑	↑	↑
Brenntag	79,09	80,89	↓	↓	↓	↓	↓
Commerzbank	10,40	10,93	↓	↓	↓	↓	↓
Continental	75,38	74,15	↑	↑	↑	↑	↑
Covestro	48,13	50,16	↓	↓	↓	↓	↓
Daimler	34,31	32,15	↑	↑	↑	↑	↑
Deutsche Bank	11,59	12,05	↓	↓	↓	↓	↓
Deutsche Börse	186,70	183,77	↑	↑	↓	↑	↑
Deutsche Telekom	22,15	22,42	↓	↓	↓	↓	↓
DHL	42,36	4,62	↓	↓	↓	↓	↓
E.ON	11,95	12,34	↓	↓	↓	↓	↓
Fresenius	25,20	27,57	↓	↓	↓	↓	↓
Hannover Rück	227,20	221,50	↑	↑	↑	↑	↑
Heidelberg Materials	83,51	81,80	↑	↓	↑	↑	↑
Henkel Vz.	70,69	72,84	↓	↓	↓	↓	↓
Infineon	33,55	35,50	↓	↓	↓	↓	↓
Mercedes-Benz	64,98	62,33	↑	↑	↑	↑	↑
Merck KGaA	152,37	146,62	↑	↑	↑	↑	↑
MTU Aero Engines	218,70	201,08	↑	↑	↑	↑	↑
Münchener Rück	400,50	388,22	↑	↑	↑	↑	↑
Porsche	80,32	79,27	↑	↑	↑	↑	↑
Porsche Automobile Vz.	45,98	46,09	↓	↑	↑	→	→
Qiagen	40,68	39,85	↑	↑	↑	↑	↑
Rheinmetall	335,85	305,20	↑	↑	↑	↑	↑
RWE	32,51	38,42	↓	↓	↓	↓	↓
SAP	168,37	148,50	↑	↑	↑	↑	↑
Sartorius Vz.	344,95	319,72	↑	↑	↑	↑	↑
Siemens	165,21	163,78	↑	↑	↑	↑	↑
Siemens Energy	13,80	12,15	↑	↑	↑	↑	↑
Siemens Healthineers	54,34	52,65	↑	↑	↑	↑	↑
Symrise	95,94	98,90	↓	↓	↓	↓	↓
Volkswagen Vz.	118,59	113,47	↑	↑	↑	↑	↑
Vonovia	26,14	27,41	↓	↓	↓	↓	↓
Zalando	18,97	19,97	↓	↑	↑	↓	→

Abbildung 100: Aktienfilter mit den Indikatoren Gleitender Durchschnitt, Bollinger Bänder, Keltner-Kanal und Relative-Stärke-Index (RSI) der DAX-Aktien, Quelle: Refinitiv

KAPITEL 9

Praktische Umsetzung für den Anleger

Wir kommen nun allmählich zum Ende dieses Buches. Nun dürfte sich für den Leser die Frage stellen, wie das Gelesene in die Praxis umgesetzt werden kann. Dies wollen wir in diesem Kapitel zeigen. Am Anfang von „Wohin fließt das Geld?" stand die Performance-Matrix. Wie kann ich als Anleger eine solche Matrix selbst erstellen?

9.1 Absolute Performance-Matrix

Die meisten Leser dürften Excel von Microsoft oder ähnliche Tabellenprogramme benutzen. Die Performance-Matrix lässt sich einfach erstellen. Die Kursentwicklung beispielsweise einer Aktie auf Sicht der letzten vier Wochen und drei Monate in Prozent findet man in vielen Finanz-Apps oder auf verschiedenen Finanzportalen im Internet. Natürlich können Sie auch andere Zeithorizonte wie beispielsweise drei und zwölf Monate verwenden. Die Werte tragen Sie in Excel in ein Tabellenblatt ein. Zuerst die längere Zeiteinheit (z. B. drei Monate) und dann die kürzere (vier Wochen), jeweils in Prozent. Anschließend wählen Sie unter ***Einfügen***, ***Grafiken*** das ***Punktdiagramm*** aus. Danach werden die einzelnen Punkte im Diagramm umbenannt und die Achsen entsprechend verändert. Sinnvoll wären Achsenwerte, die sowohl positive als auch negative Werte berücksichtigen.

Abbildung 101 zeigt einen Ausschnitt aus Excel mit den Aktien von BBVA, Ferarri, Danone und Essilort. In diesem Beispiel handelt es sich um eine Absolute Performance-Matrix auf Basis der Performance der letzten vier Wochen und drei Monate in Prozent. Laut der absoluten Darstellung sind alle vier Kaufkandidaten im zweiten Quadranten und somit im Aufwärtstrend zu finden.

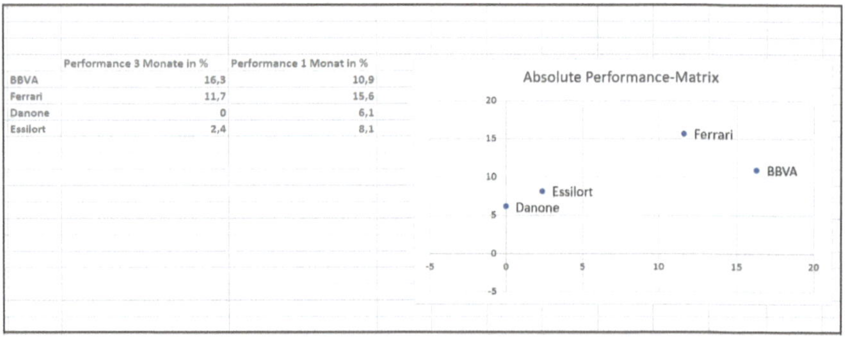

	Performance 3 Monate in %	Performance 1 Monat in %
BBVA	16,3	10,9
Ferrari	11,7	15,6
Danone	0	6,1
Essilort	2,4	8,1

Abbildung 101: Absolute Performance-Matrix in Excel, Quelle: Refinitiv, eigene Darstellung

9.2 Relative Performance-Matrix

Im obigen Beispiel wurden die genannten Aktien in einer Absoluten Performance-Matrix dargestellt. Nun wollen wir eine Relative Performance-Matrix haben. Wir brauchen daher noch die Kursentwicklung des Stoxx 600 als Benchmark auf Sicht der letzten vier Wochen und drei Monate in Prozent. Anschließend werden die Performance-Werte des Einzelaktien mit der des Stoxx 600 verglichen. In der Abbildung 102 ist die Relative Performance-Matrix zu sehen.

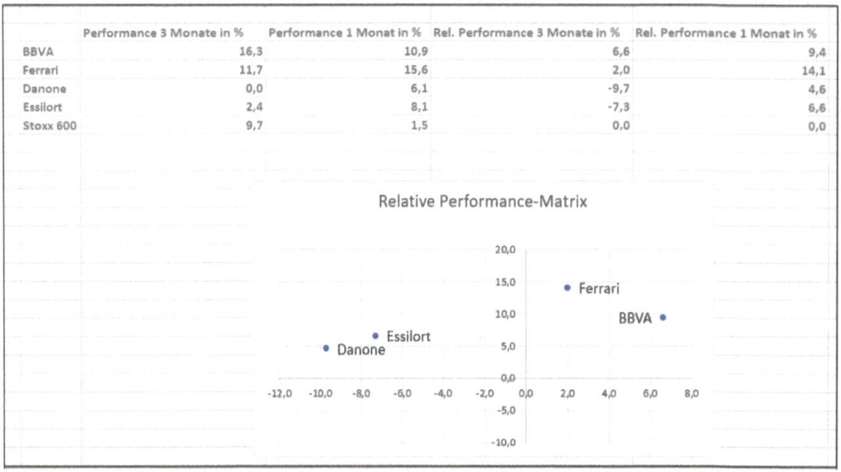

	Performance 3 Monate in %	Performance 1 Monat in %	Rel. Performance 3 Monate in %	Rel. Performance 1 Monat in %
BBVA	16,3	10,9	6,6	9,4
Ferrari	11,7	15,6	2,0	14,1
Danone	0,0	6,1	-9,7	4,6
Essilort	2,4	8,1	-7,3	6,6
Stoxx 600	9,7	1,5	0,0	0,0

Abbildung 102: Relative Performance-Matrix in Excel, Quelle: Refinitiv, eigene Darstellung

Unter Berücksichtigung der Kursentwicklung des Stoxx 600 ergibt sich nun ein anderes Bild. Lediglich die Aktien von Ferrari und BBVA halten sich im zweiten Quadranten (Aufwärtstrend) auf. Die Anteilsscheine von Danone und Essilort befinden sich im ersten Quadranten und somit im Erholungsmodus. Mit anderen Worten: Die Dividendenpapiere von BBVA und Ferrari würden anschließend saisonal, fundamental und charttechnisch unter die Lupe genommen.

9.3 Fundamentale Aktienempfehlungen

Wir untersuchen aussichtsreiche Aktien auch auf deren fundamentale Stärke. Letztendlich kommen nur Werte in Betracht, die einen nach Möglichkeit hohen Abschlag gegenüber dem derzeitigen Kursniveau aufweisen. Aber wie findet man solche Einschätzungen der Analysten? Auch hier wird der Anleger im Internet auf verschiedenen Finanzportalen fündig. Interessant ist die Anzahl der Kauf-, Halten- und Verkaufsempfehlungen. Für den weiteren Auswahlprozess ist jedoch der Abschlag des Aktienkurses zum durchschnittlichen Kursziel wichtig. In diesem Fall bestünde fundamental betrachtet noch Luft nach oben.

In der Abbildung 103 ist ein Beispiel von dem Finanzportal Finanzen.net zu sehen. Die BBVA-Aktie wies im Februar 2024 sechs Kauf- und drei Halte-Empfehlungen mit einem durchschnittlichen Kursziel von 9,64 EUR auf. Der Abschlag zum Kursziel betrug rund 6 %.

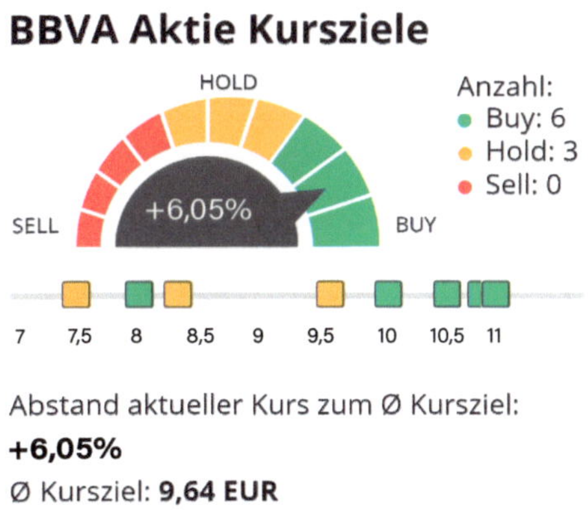

Abbildung 103: Fundamentale Bewertung von BBVA, Quelle: Finanzen.net

9.4 Saisonalitäten

Kaufe ich als Anleger möglicherweise in einer schwachen saisonalen Phase meine Aktien? Oder gibt es von der Statistik eventuell Rückenwind? Diese Fragen haben wir im Kapitel Saisonalität beantwortet. Aber wo kann der Börsianer solche Saisonalitätscharts finden? Einige Chartprogramme bieten Saisonalitäten an. Aber auch bei Seasonax.com können, wie in diesem Buch verwendet, solche Charts gegen eine Gebühr abonniert werden. Im Internet gibt es aber auch kostenlose Saisonalitätscharts zu Indizes, Rohstoffen und Währungen. In einer abgespeckten Version von Seasonax.com sind auch einige Einzelaktien zu finden.

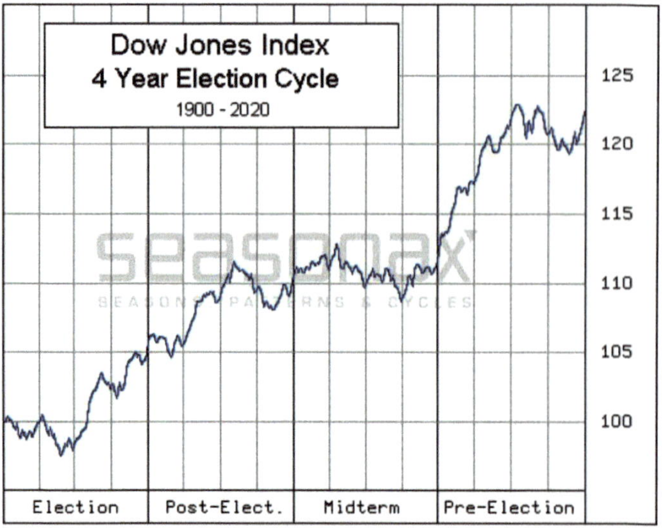

Abbildung 104: Saisonalität des Dow Jones im Wahlzyklus, Quelle: Seasonalcharts.com

9.5 Chartanalyse

Vor über zwanzig Jahren musste man als Anleger zur Hausbank gehen oder teure Chartbücher kaufen. Heute gibt es im Internet kostenfreie Chartprogramme und natürlich auch entsprechende Software, die der Anleger gegen eine Gebühr erwerben bzw. nutzen kann. Auch einige Finanzportale bieten mitunter kostenfreien Zugang zu ihrer eigenen Chartplattform an.

Allerdings ist das kostenfreie Angebot meist recht überschaubar. Dennoch sollte sich der Börsianer für den Handel von Wertpapieren für ein Chartprogramm entscheiden.

Abbildung 105: Beispiel eines Charts, Quelle: Stock3.com

FAZIT:

Der Anleger kann nach dem Lesen dieses Buches die Mehrheit der Informationen auf Finanzportalen finden und umsetzen. Die Performance-Matrix, absolut oder relativ, lässt sich recht einfach in Excel erstellen. Informationen zu den Analystenempfehlungen und zur Chartanalyse sind im Internet zu finden. Saisonalitätscharts können ebenfalls im Internet (allerdings eingeschränktes Angebot) oder über einige Anbieter dieser Charts gefunden werden.

KAPITEL 10

Durchgehen an einem Beispiel

Wir kommen nun zum Ende unseres Buches und wollen anhand eines praktischen Beispiels interessante Aktien aus dem Stoxx 600 herauspicken. Zuerst wenden wir hierfür die Relative Performance-Matrix an, um relativ starke Aktien herauszusuchen. Anschließend werden wir die möglichen Kaufkandidaten hinsichtlich der Saisonalität, der fundamentalen Bewertung und der Charttechnik untersuchen. Am Ende soll dann eine Einkaufsliste mit interessanten Anteilsscheinen stehen.

10.1 Welcher Sektor hat die Nase vorn?

Wir fangen unseren Top-down-Ansatz bei der Auswahl relativ starker Stoxx-600-Sektoren an. In der Abbildung 106 ist die Relative Performance-Matrix mit den neunzehn Sektoren zu sehen. Sechs Subindizes sind im zweiten Quadranten und somit im Aufwärtstrend zu finden. Diese schneiden auf Sicht der letzten vier Wochen und drei Monate besser ab gegenüber der Benchmark (Stoxx 600). Die Gewinner in der ersten Runde sind die Subindizes Technologie, Industrie, Konsumgüter, Automobile, Medien und Touristik. Im nächsten Schritt schauen wir uns die jeweiligen Aktien innerhalb der genannten Aktiensektoren an.

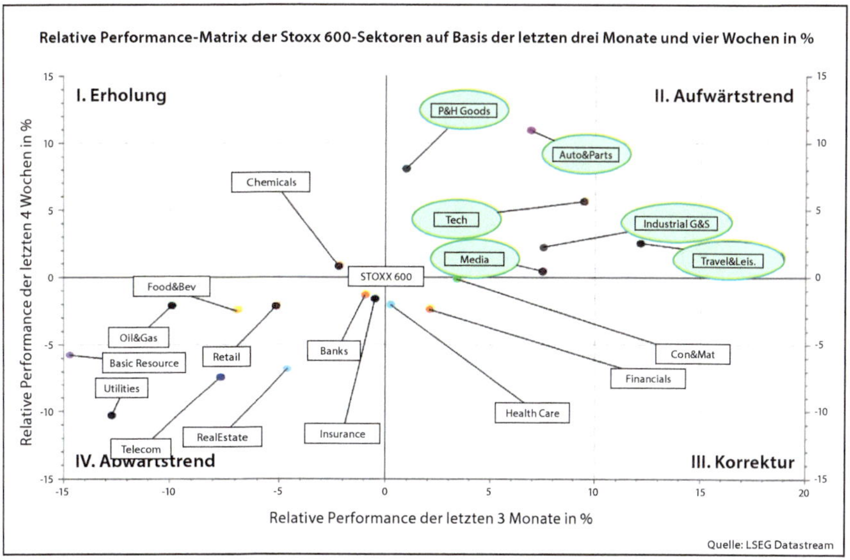

Abbildung 106: Relative Performance-Matrix der Stoxx-600-Sektoren auf Sicht der letzten vier Wochen und drei Monate in %

10.2 18 Aktien in der nächsten Runde

In den folgenden sechs Abbildungen sind die Relative Performance-Matrizen der erwähnten Stoxx-600-Sektoren Technologie, Industrie, Konsumgüter, Automobile, Medien und Touristik zu sehen. Insgesamt 18 europäische Aktien weisen gegenüber dem Gesamtmarkt Stoxx 600 eine Outperformance auf. Wie bereits erwähnt, werden diese in den kommenden Schritten unseres Ansatzes genauer unter die Lupe genommen.

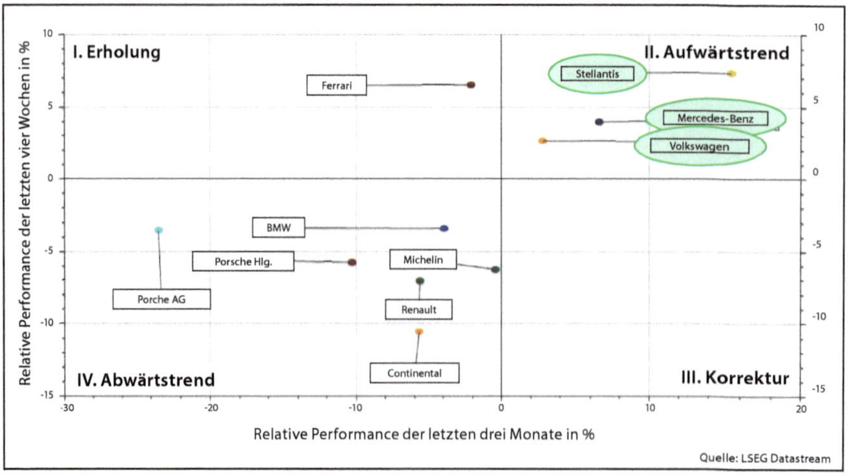

Abbildung 107: Relative Performance-Matrix des Stoxx-600-Sektors Automobile auf Sicht der letzten vier Wochen und drei Monate in %

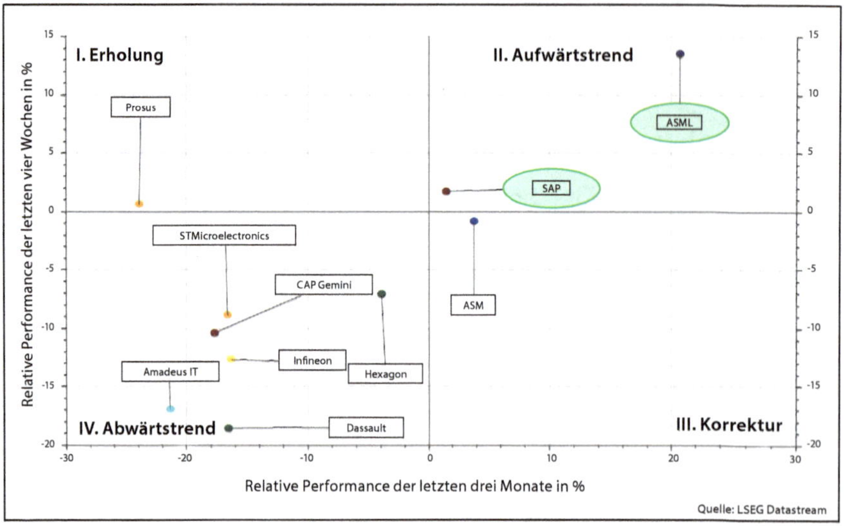

Abbildung 108: Relative Performance-Matrix des Stoxx-600-Sektors Technologie auf Sicht der letzten vier Wochen und drei Monate in %

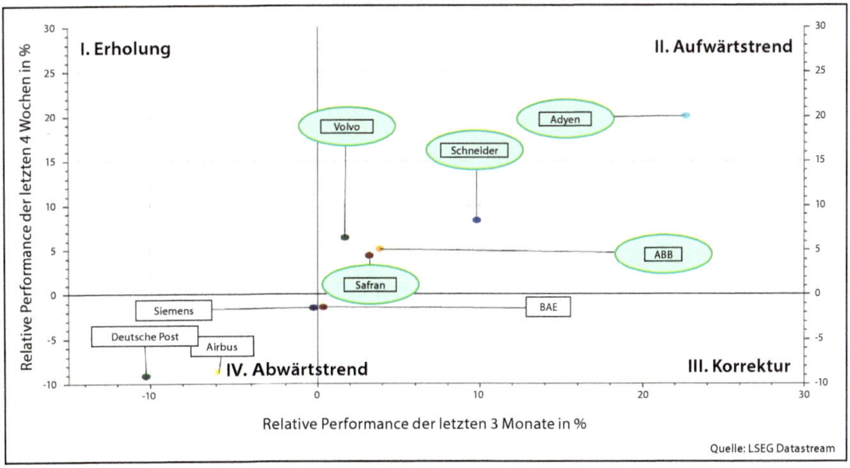

Abbildung 109: Relative Performance-Matrix des Stoxx-600-Sektors Industrie auf Sicht der letzten vier Wochen und drei Monate in %

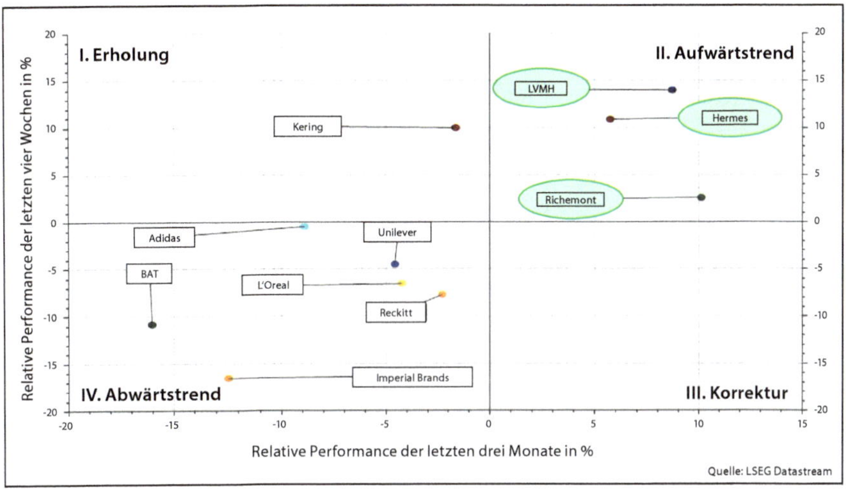

Abbildung 110: Relative Performance-Matrix des Stoxx-600-Sektors Konsumgüter auf Sicht der letzten vier Wochen und drei Monate in %

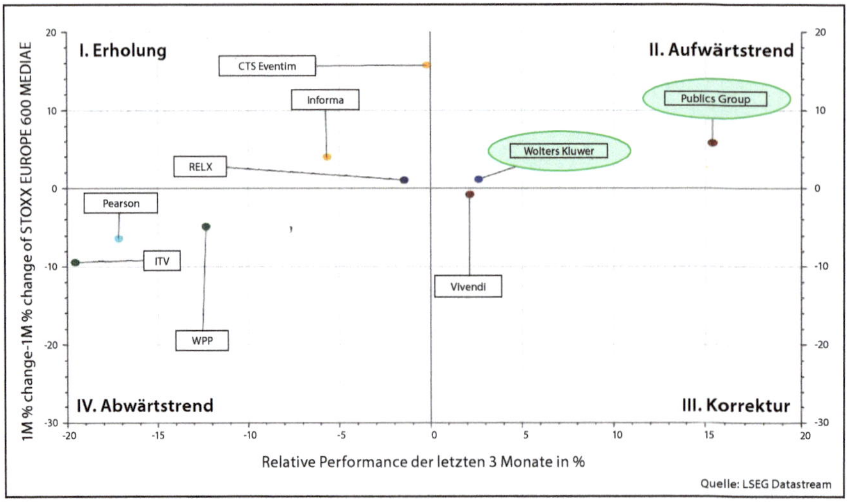

Abbildung 111: Relative Performance-Matrix des Stoxx-600-Sektors Medien auf Sicht der letzten vier Wochen und drei Monate in %

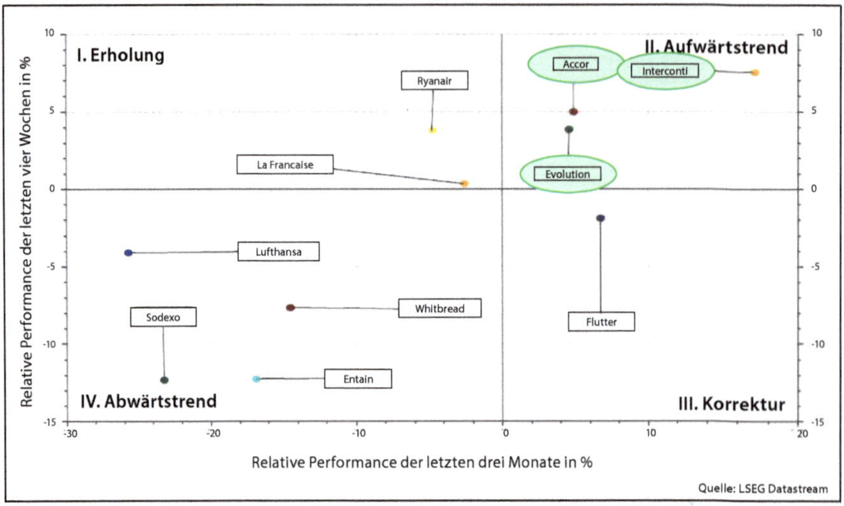

Abbildung 112: Relative-Performance Matrix des Stoxx-600-Sektors Touristik auf Sicht der letzten vier Wochen und drei Monate in %

Ende Februar 2024 konnten 18 Aktien aus dem Stoxx 600 mit ihrer relativen Stärke überzeugen. Die Kandidaten, die in die nächste Runde ziehen, sind:

- Stellantis
- Mercedes-Benz
- Volkswagen
- ASML
- SAP
- ABB
- Adyen
- Safran
- Schneider Electric
- Volvo
- LVMH
- Hermes
- Richemont
- Wolters Kluwer
- Publics Group
- Accor
- Intercontinental
- Evolution

Am Ende unseres Ansatzes werden die Aktien stehen, die alle Kriterien für einen Kauf erfüllen und dann Einzug in das Depot der Anleger finden könnten.

Auswertung: Saisonalität

Mithilfe der Relativen Performance-Matrix haben wir Aktien mit einer relativ starken Entwicklung im Stoxx 600 herausgefiltert – also Aktien, die Ende Februar 2024 basierend auf den letzten drei Monaten und den letzten vier Wochen besser abgeschnitten haben als andere Aktien im Sektor und auch besser als der Gesamtindex Stoxx 600. Nun werden wir zunächst überprüfen, ob diese Aktien auch historisch auffällige saisonale Tendenzen ab Ende Februar aufweisen.

Für den Zeitraum von Ende Februar bis Anfang Mai haben wir die saisonalen Muster für die vergangenen 16 Jahre der Aktien analysiert und mithilfe der statistischen Kennzahlen aus Kapitel 5 ausgewertet. Zudem haben wir die Einzelwerte ihren entsprechenden Sektoren zugeordnet, um sicherzustellen, dass im Auswahlprozess keine übermäßige Gewichtung auf einen bestimmten Sektor gelegt wird, sondern eine Diversifikation auf verschiedene relative starke Sektoren angestrebt wird. Die Auswertung der saisonalen Tendenzen ist in Abbildung 113 tabellarisch dargestellt.

Aktie	Sektor	Trefferquote	Jahre	Rendite	Standardabweichung(σ)	ø-Gewinn	ø-Verlust	Max. Gewinn	Max. Verlust	letzen 5 Jahre
Stellantis	Automobile	86,67%	15	11,12%	22,07%	15,21%	-12,15%	110,73%	-15,43%	3 von 5
Mercedes-Benz	Automobile	81,25%	16	6,76%	12,05%	9,33%	-3,68%	52,01%	-7,01%	4 von 5
Volkswagen	Automobile	81,25%	16	4,88%	10,77%	8,52%	-9,51%	25,02%	-17,40%	3 von 5
ASML	Technologie	62,50%	16	6,58%	11,82%	13,98%	-4,70%	31,02%	-9,69%	3 von 5
SAP	Technologie	81,25%	16	6,16%	7,45%	8,46%	-3,26%	20,95%	-6,35%	4 von 5
ABB	Industrie	81,25%	16	5,77%	7,23%	7,70%	-2,20%	7,70%	-2,20%	5 von5
Adyen	Industrie	99,00%	4	9,16%	5,69%	9,16%	0,00%	15,09%	0,00%	4 von 4
Safran	Industrie	68,75%	16	3,78%	13,09%	9,76%	-8,26%	30,90%	-28,07%	3 von 5
Schneider Electric	Industrie	68,75%	16	5,41%	7,70%	8,82%	-1,72%	30,57%	-3,07%	4 von 5
Volvo	Industrie	81,25%	16	11,87%	14,55%	16,14%	-4,89%	50,40%	-6,76%	3 von 5
LVMH	Konsumgüter	81,25%	16	8,28%	8,58%	11,03%	-2,86%	29,35%	-3,46%	5 von 5
Hermes	Konsumgüter	75,00%	16	8,64%	11,57%	13,14%	-3,82%	46,50%	-5,08%	5 von 5
Richemont	Konsumgüter	75,00%	16	5,03%	10,34%	8,16%	-3,83%	42,60%	-9,37%	3 von 5
Wolters Kluwer	Medien	75,00%	16	4,56%	6,28%	7,21%	-3,00%	17,45%	-5,38%	5 von 5
Publics Group	Medien	62,50%	16	3,58%	9,34%	9,76%	-5,97%	22,00%	-11,92%	3 von 5
Accor	Touristik & Freizeit	62,50%	16	3,66%	11,84%	10,44%	-6,72%	29,26%	-11,29%	3 von 5
Inter-continental	Touristik & Freizeit	75,00%	16	3,66%	11,84%	10,44%	-6,72%	50,55%	-3,66%	3 von 5
Evolution	Touristik & Freizeit	87,50%	8	17,23%	16,24%	20,34%	-2,40%	20,34%	-2,20%	5 von 5

Abbildung 113: Saisonale Auswertung der ausgewählten Einzelwerte

Wir schauen uns nun die saisonale Auswertung für jeden Sektor einzeln an und fangen mit dem Stoxx-600-Sektor Automobile an.

Aktie	Sektor	Trefferquote	Jahre	Rendite	Standardabweichung(σ)	ø-Gewinn	ø-Verlust	Max. Gewinn	Max. Verlust
Stellantis	Automobile	86,67%	15	11,12%	22,07%	15,21%	-12,15%	110,73%	-15,43%
Mercedes-Benz	Automobile	81,25%	16	6,76%	12,05%	9,33%	-3,68%	52,01%	-7,01%
Volkswagen	Automobile	81,25%	16	4,88%	10,77%	8,52%	-9,51%	25,02%	-17,40%

Abbildung 114: Saisonale Auswertung des Stoxx 600 Automobile

Alle drei Automobilwerte haben in den letzten 15 Jahren eine starke Trefferquote gezeigt. Wie im Detail in Kapitel 5 erläutert wurde, kommt es bei der saisonalen Analyse nicht nur auf die Trefferquote an. Obwohl die Aktie von Stellantis mit 11,12 % die höchste durchschnittliche Rendite für diesen Zeitraum aufweist, hat sie auch die höchste durchschnittliche Standardabweichung von 22,07 %. Die Aktie von Volkswagen hat zwar mit 10,77 % die geringste Schwankungsbreite, aber auch die niedrigste durchschnittliche Rendite von 4,88 % und den höchsten maximalen Verlust (-17,40 %). Wie bereits in Kapitel 5 erwähnt wurde, ist es wichtig, den durchschnittlichen Gewinn dem durchschnittlichen Verlust gegenüberzustellen. Interessant ist hierbei, dass die Volkswagen AG einen durchschnittlichen Verlust von -9,51 % verzeichnet hat, was höher ist als der durchschnittliche Gewinn (8,52 %) im untersuchten Zeitraum. Aus saisonaler Sicht scheint die Aktie von Mercedes-Benz die geeignetste Wahl zu sein. Sie weist eine Rendite von 6,76 % auf und eine Standardabweichung von 12,05 %. Zudem hat sie den geringsten durchschnittlichen Verlust (-3,68 %) und maximalen Verlust (-7,01 %).

Im Bereich der Technologieaktien haben sich ASML und SAP als aussichtsreiche Kandidaten erwiesen. Aus saisonaler Perspektive ist die Aktie von SAP in diesem Sektor der klare Favorit, da sie eine wesentlich höhere Trefferquote aufweist. Die durchschnittliche Rendite beider Aktien ist nahezu identisch, jedoch zeigt ASML eine deutlich höhere Standardabweichung. Das bedeutet, dass man für ein ähnliches Renditepotenzial bei ASML ein höheres Risiko eingehen muss. Zudem sind sowohl der durchschnittliche Verlust als auch der maximale Verlust bei SAP geringer als bei ASML.

Aktie	Sektor	Trefferquote	Jahre	Rendite	Standard-abweichung(σ)	ø-Gewinn	ø-Verlust	Max. Gewinn	Max. Verlust
ASML	Technologie	62,50%	16	6,58%	11,82%	13,98%	-4,70%	31,02%	-9,69%
SAP	Technologie	81,25%	16	6,16%	7,45%	8,46%	-3,26%	20,95%	-6,35%

Abbildung 115: Saisonale Auswertung Stoxx 600 Technologie

Im Industriesektor fällt auf, dass die Aktie von Adyen noch zu jung ist und keine ausreichende Datenbasis mitbringt. Womit sie aus saisonalen Gesichtspunkten keine werthaltigen Informationen liefern kann. Wenn das Hauptaugenmerk auf möglichst geringen Schwankungen liegt, sollte die

Aktie von ABB in Betracht gezogen werden. Sie weist den kleinsten maximalen Verlust auf und hat ohne Berücksichtigung von Adyen die geringste Standardabweichung.

ABB	Industrie	81,25%	16	5,77%	7,23%	7,70%	-2,20%	7,70%	-2,20%
Adyen	Industrie	99,00%	4	9,16%	5,69%	9,16%	0,00%	15,09%	0,00%
Safran	Industrie	63,75%	16	3,78%	13,09%	9,76%	-8,26%	30,90%	-28,07%
Schneider Electric	Industrie	68,75%	16	5,41%	7,70%	8,82%	-1,72%	30,57%	-3,07%
Volvo	Industrie	81,25%	16	11,87%	14,55%	16,14%	-4,89%	50,40%	-6,76%

Abbildung 116: Saisonale Auswertung Stoxx 600 Industrie

Im Bereich der Konsumgüteraktien führt die Luxusmarke LVMH. Ihre Aktie weist die höchste Trefferquote auf, die geringste Standardabweichung sowie den geringsten durchschnittlichen und maximalen Verlust.

Aktie	Sektor	Trefferquote	Jahre	Rendite	Standard-abweichung(σ)	ø-Gewinn	ø-Verlust	Max. Gewinn	Max. Verlust
LVMH	Konsumgüter	81,25%	16	8,28%	8,58%	11,03%	-2,86%	29,35%	-3,46%
Hermes	Konsumgüter	75,00%	16	8,64%	11,57%	13,14%	-3,82%	46,50%	-5,08%
Richenont	Konsumgüter	75,00%	16	5,03%	10,34%	8,16%	-3,83%	42,60%	-9,37%

Abbildung 117: Saisonale Auswertung Stoxx 600 Konsumgüter

Im Mediensektor haben sich Wolters Kluwer und Publics Group als aussichtsreiche Kandidaten erwiesen. Bei genauer saisonaler Betrachtung ist die Aktie von Wolter Kluwer der Publics Group vorzuziehen. Die Aktie weist in dem betrachteten Zeitraum eine höhere Trefferquote, Rendite und Standardabweichung auf. Zudem sind der durchschnittliche Verlust und der maximale Verlust geringer als bei Publics Group.

Aktie	Sektor	Trefferquote	Jahre	Rendite	Standard-abweichung (σ)	ø-Gewinn	ø-Verlust	Max. Gewinn	Max. Verlust
Wolters Kluwer	Medien	75,00%	16	4,56%	6,28%	7,21%	-3,00%	17,45%	-5,38%
Publics Group	Medien	62,50%	16	3,58%	9,34%	9,76%	-5,97%	22,00%	-11,92%

Abbildung 118: Saisonale Auswertung Stoxx 600 Medien

Im Bereich Tourismus und Freizeit zeigt die Aktie von Evolution Gaming trotz einer kleineren Datenbasis im Vergleich zu den anderen Aktien eine starke saisonale Tendenz zwischen Ende Februar und Anfang Mai. Besonders hervorzuheben sind die geringen durchschnittlichen Verluste und maximalen Verluste der Aktie.

Zusammenfassend lässt sich festhalten, dass von den 18 Kandidaten nach der saisonalen Analyse nur noch sechs Aktien aus sechs verschiedenen Sektoren in die nächste Runde gelangen. Im Folgenden werden wir den Analystenkonsens für die ausgewählten Aktien betrachten und insbesondere jene Aktien genauer unter die Lupe nehmen, die den saisonalen Abschnitt erfolgreich gemeistert haben.

Auswertung: Analystenkonsens

In Abbildung 119 ist in Tabellenform der Analystenkonsens für alle ausgewählten Aktien zusammengefasst. Es fällt allgemein auf, dass bereits die Mehrheit der ausgewählten Aktien das durchschnittliche Kursziel überschritten haben. Zudem weisen einige Aktien auch keine eindeutige Kauftendenz auf.

Aktie	Sektor	Buy	Hold	Seil	ø-Kursziel	%-Abstand
Stellantis	Automobile	21	5	1	25,84	4,99%
Mercedes-Benz	Automobile	17	8	2	80,27	11,98%
Volkswagen	Automobile	13	1	0	155,50	10,00%
ASML	Technologie	26	9	0	858,08	-0,80%
SAP	Technologie	21	8	1	175,70	3,47%
ABB	Industrie	8	16	2	37,99	-5,89%
Ady en	Industrie	21	13	0	1572,43	7,14%
Safran	Industrie	12	10	0	190,55	-1,28%
Schneider Electric	Industrie	14	8	3	192,86	-8,07%
Volvo	Industrie	12	7	2	272,10	-3,10%
LVMH	Konsumgüter	21	9	0	860,43	1,21%
Hermes	Konsumgüter	10	12	1	2206,70	-4,10%
Richemont	Konsumgüter	20	10	0	139,86	1,64%
Wolters Kluwer	Medien	8	6	1	144,38	-2,58%
Publics Group	Medien	14	3	1	101,22	2,82%
Accor	Touristik & Freizeit	15	4	1	40,46	-1,39%
Intercontinental	Touristik & Freizeit	3	10	7	74,07	-11,61%
Evolution	Touristik & Freizeit	10	5	1	1453,63	5,92%

Abbildung 119: Analystenkonsens für alle ausgewählten Aktien

Nun werfen wir einen genaueren Blick auf den Analystenkonsens für die Aktien, die den saisonalen Abschnitt überstanden haben. Die Aktie von Mercedes-Benz liegt mit rund 12 % noch deutlich unter ihrem durchschnittlichen Kursziel und bietet daher noch Potenzial aus Sicht der Fundamentalanalysten. Sie verzeichnet eine klare Mehrheit an Kaufempfehlungen.

Ähnliches gilt für Evolution Gaming, deren Aktie laut Analystenkonsens noch etwa 6 % unter dem durchschnittlichen Kursziel liegt und ebenfalls eine deutliche Mehrheit an Kaufempfehlungen aufweist.

Auch LVMH und SAP erhalten eine starke Mehrheit an Kaufempfehlungen und weisen Potenzial auf, wenn man das durchschnittliche Kursziel der Analysten betrachtet. Bei ABB hingegen scheint es, als ob die Fundamentalanalysten die Aktie in den Wartesaal geschickt haben. Die Aktie liegt bereits 5,89 % über ihrem durchschnittlichen Kursziel und die Mehrheit der Analysten stuft sie als „Halten" ein. Auch bei Wolters Kluwer zeigt sich keine klare Tendenz zum Kauf.

Aktie	Sektor	Buy	Hold	Seil	ø-Kursziel	%-Abstand
Mercedes-Benz	Automobile	17	8	2	80,27	11,98%
SAP	Technologie	21	8	1	175,70	3,47%
ABB	Industrie	8	16	2	37,99	-5,89%
LVMH	Konsumgüter	21	9	0	860,43	1,21%
Wolters Kluwer	Medien	8	6	1	144,38	-2,58%
Evolution	Touristik & Freizeit	10	5	1	1453,63	5,92%

Abbildung 120: Analystenkonsens verkleinert auf saisonal starke Aktien

Gemäß dem Konsens der Analysten trennen wir uns von ABB und Wolters Kluwer und konzentrieren uns nun in der technischen Analyse auf die verbleibenden vier Aktien:

- Mercedes-Benz
- SAP
- LVMH
- Evolution

Auswertung: Technische Analyse

Bei der technischen Analyse konzentrieren wir uns auf die in Kapitel 7 vorgestellten Indikatoren und Chartformationen. Anhand dieser werden wir abschließen und Entscheidungen treffen und den Auswahlprozess abschließen.

Mercedes-Benz in bullischen Rechteck

Beim Blick auf den Tageschart der Mercedes-Benz AG sehen wir bereits ab Januar 2024 erste Hinweise auf einen bevorstehenden Trend. Der RSI konnte im Januar nachhaltig die Grenzschwelle von 48,5 überwinden. Gleichzeitig war ein steigendes Volumen anhand des OBV-Indikators zu beobachten. Der Ausbruch aus dem Keltner-Kanal Anfang Februar bestätigte den neuen Aufwärtstrend. Ende Februar wurde zudem ein neues Kaufsignal generiert. Der Ausbruch aus dem Keltner-Kanal bei 67 Euro setzte neue Aufwärtsimpulse frei, die sogar zu einem Aufwärts-Gap führten und die psychologische Marke von 70 Euro überschritten haben. Aktuell befindet sich die Aktie in einem bullischen Rechteck. Ein nachhaltiger Ausbruch aus dem Rechteck nach oben würde ein neues Mindestkursziel von rund 74,50 Euro aktivieren. Neben der saisonalen und fundamental guten Ausgangslage bestätigt nun auch die Charttechnik den gegenwärtigen starken Aufwärtstrend. Daher wird die Aktie in das Depot aufgenommen.

Abbildung 121: Technische Analyse für Mercedes-Benz (Tageschart), Quelle: ProRealTime

SAP im aufsteigendem Dreieck

Die SAP-Aktie zeigt eine vielversprechende Ausgangslage sowohl hinsichtlich saisonaler als auch fundamentaler Faktoren. Auch charttechnisch bestätigt sich dies. Im Tageschart ist zu sehen, dass die Aktie seit November 2023 stabil über der RSI-Grenze von 48,5 liegt, was auf eine mögliche positive Entwicklung hindeutet. Ende Januar 2024 wurden zwei aussagekräftige Kaufsignale beobachtet: Der OBV-Indikator stieg kontinuierlich mit dem Kurs an und der Kurs brach aus dem Keltner-Kanal aus, was den Trend weiter beflügelte. Im Februar bildete sich zudem ein aufsteigendes Dreieck, das ein Trendfortsetzungsmuster darstellt. Dies lässt darauf schließen, dass der Aufwärtstrend bei der SAP-Aktie fortgesetzt werden könnte. Die Aktie durchbrach kurzzeitig die Marke von 169,40 Euro im Dreieck, um dann eine Pullback-Bewegung zu vollziehen, die das Muster bestätigte und zu einem nachhaltigen Anstieg in Richtung des ersten Mindestkursziels von knapp 176 Euro führte. Die Stärke des Trends und die charttechnische Situation sprechen dafür, die Aktie ins Depot aufzunehmen. Allerdings sollten hier klassische Einstiegsfehler vermieden werden. Die Aktie könnte noch mal einen Pullback verzeichnen, der dann als ein Einstieg gewählt werden könnte.

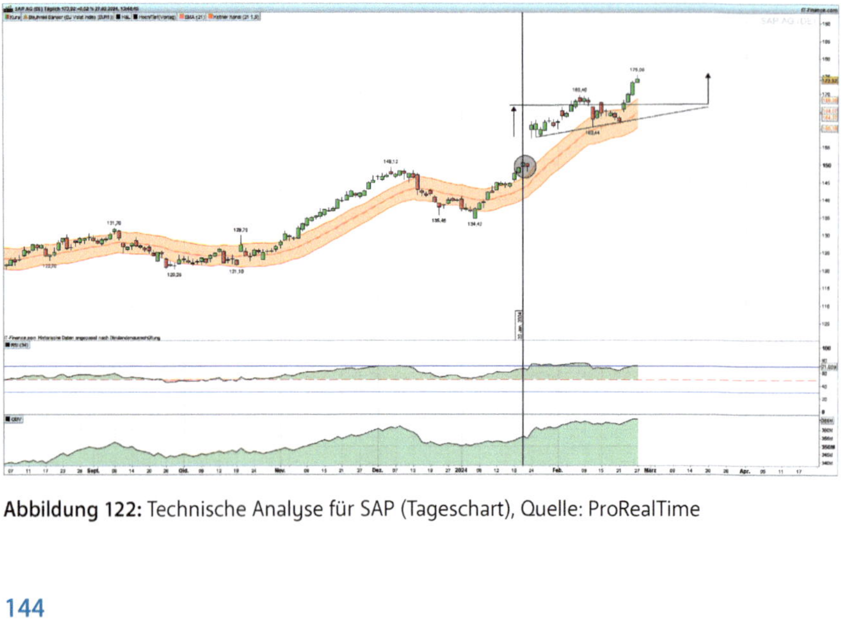

Abbildung 122: Technische Analyse für SAP (Tageschart), Quelle: ProRealTime

LVMH in bullischer Flagge

Die Aktie der Luxusmarke LVMH deutet bereits charttechnisch ab Ende Januar 2024 bei rund 670 Euro auf eine mögliche Trendumkehr hin. Es könnten drei Kaufsignale gleichzeitig aktiviert werden. Die RSI-Grenzschwelle von 48,5 wurde nachhaltig überwunden, während das Handelsvolumen stetig anstieg, was durch den OBV-Indikator bestätigt werden kann. Zusätzlich wurde mit dem Ausbruch bei 720 Euro aus dem Keltner-Kanal weiteres Momentum generiert. Schließlich wurde Ende Februar mit dem Test des oberen Keltner-Kanals bei 803 Euro und der Verteidigung des Ausbruchs die Trendfortsetzung bestätigt. Aktuell besteht weiteres Potenzial, da sich die Aktie Ende Februar in einer klassischen Trendfortsetzungsformation befindet, nämlich in einer bullischen Flagge. Sollte ein nachhaltiger Ausbruch aus der Flaggenformation gelingen, wird ein neues Mindestkursziel von rund 885 Euro aktiviert. Angesichts der starken saisonalen, fundamentalen und charttechnischen Ausgangslage spricht nichts gegen eine Aufnahme in das Depot.

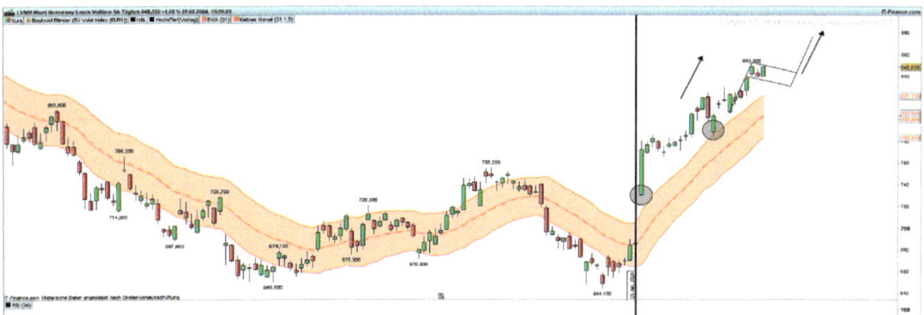

Abbildung 123: Technische Analyse für LVMH (Tageschart), Quelle: ProRealTime

Evolution Gaming: Ausbruch aus Keltner-Kanal

Im Bereich Tourismus und Freizeit konnte die Aktie des schwedischen Spieleentwicklers sowohl saisonal als auch fundamental erfolgreich abschneiden. Auch aus charttechnischer Sicht befindet sich die Aktie Ende Februar 2024 in einer vielversprechenden Position. Die Korrekturbewegung wurde

Ende November bei 900 SEK gestoppt, während der RSI nachhaltig die Grenze von 48,5 überwinden konnte. Das Handelsvolumen stieg kontinuierlich an und der Kurs bewegte sich wieder in den Keltner-Kanal, was die Aufwärtsbewegung bestätigt. Ein neues Kaufsignal wurde Ende Februar bei etwa 1350 SEK generiert. Der jüngste Ausbruch aus dem Keltner-Kanal deutet auf eine mögliche Fortsetzung des Trends hin und ein Durchbruch über das Verlaufshoch von Sommer 2023 bei knapp 1500 SEK könnte weitere Impulse an der Oberseite bestätigen. Daher wird erwartet, dass die Aktie ihre Relative Stärke auch in Zukunft beibehalten wird. Deshalb haben wir auch die Aktie von Evolution Gaming in unser Portfolio aufgenommen.

Abbildung 124: Technische Analyse für Evolution Gaming (Tageschart), Quelle: ProRealTime

Zum Schluss werden alle vier verbleibenden Aktien in das Depot aufgenommen. Alle vier Aktien befinden sich in einer starken saisonalen Phase und haben laut Fundamentalanalysten noch Potenzial. Charttechnisch haben alle vier Aktien neue Kaufsignale generiert und zeigen bereits klassische Trendfortsetzungsmuster, die für weitere Aufwärtsbewegungen sprechen. Nach der Aufnahme ins Depot wird selbstverständlich die zukünftige Kursentwicklung sowie die Rotationsbewegung bezüglich der Relativen Stärke beobachtet. Sollte der Trend abbrechen und die Aktie in der Performance-Matrix eine Korrektur oder sogar einen Abwärtstrend zeigen, wird der Auswahlprozess erneut analysiert und gegebenenfalls Anpassungen vorgenommen. Dabei werden neben der Chartanalyse auch erneut die Saisonalität und der Analystenkonsens berücksichtigt.

Schlusswort

In einer dynamischen Welt der Finanzmärkte wissen wir das Feedback und die Diskussionen mit unserer Community schätzen und nutzen dieses, um unseren Ansatz laufend zu verfeinern und zu aktualisieren.

Wir hoffen, dass das Buch als Leitfaden dient und den Lesern ermöglicht, die geschilderten Instrumente und Methoden individuell anzupassen und anzuwenden. Gleichzeitig ist es uns ein Anliegen, dass Anleger verstehen, dass kein Ansatz unfehlbar ist und immer Raum für Verbesserungen besteht. Die Finanzmärkte sind komplex, und kontinuierliches Lernen sowie Anpassung sind der Schlüssel zum Erfolg.

Wir möchten allen Lesern danken, die uns auf dieser Reise begleitet haben, und laden jeden ein, Teil unserer Community zu werden, um gemeinsam Wissen zu teilen, zu debattieren und voneinander zu lernen. Wir freuen uns auf den Austausch mit Ihnen in den kommenden Veranstaltungen, Livestreams und über soziale Netzwerke.

Abschließend möchte wir auch tiefsten Dank unserem Arbeitgeber IG Europe zum Ausdruck bringen, der uns die Zeit zur Verfügung gestellt hat, um dieses Werk zu verfassen. Ebenso gebührt unser herzlichster Dank Sandra Pichler, unserer Lektorin, die mit ihrem unermüdlichen Einsatz, ihrer Expertise und Aufmerksamkeit für Details einen unschätzbaren Beitrag zur Qualität dieses Buches geleistet hat.

Mit besten Grüßen und Wünschen für eine prosperierende Zukunft

Salah-Eddine Bouhmidi und Christian Henke